注评·精译·韵语

孙子
详解

〔春秋〕孙武 撰
钮国平 注评

上海古籍出版社

图书在版编目(CIP)数据

孙子详解／钮国平注评. —上海：上海古籍出版社，2013.8
ISBN 978－7－5325－6903－8

Ⅰ.①孙… Ⅱ.①钮… Ⅲ.①兵法—中国—春秋时代②《孙子兵法》—研究 Ⅳ.①E892.25

中国版本图书馆 CIP 数据核字(2013)第 151704 号

孙 子 详 解

钮国平　注评

上海世纪出版股份有限公司
上 海 古 籍 出 版 社　出版

（上海瑞金二路 272 号　邮政编码 200020）

（1）网址：www.guji.com.cn
（2）E－mail：gujil@guji.com.cn
（3）易文网网址：www.ewen.cc

上海世纪出版股份有限公司发行中心发行经销
常熟文化印刷有限公司印刷

开本 889×1194　1/20　印张 7.8　插页 2　字数 180,000
2013 年 8 月第 1 版　2013 年 8 月第 1 次印刷
印数：1—4,100

ISBN 978－7－5325－6903－8

E·18　定价：18.00 元

如有质量问题,请与承印公司联系

前　言

一

《孙子兵法》的作者孙武，后人尊称他为孙子。春秋末期齐国人，生卒年代不可考，大约与孔子同时。据司马迁《史记·孙子吴起列传》的记载，他在吴国重臣伍子胥的推举之下，"以《兵法》见于吴王阖庐。阖庐曰：'子之十三篇，吾尽观之矣，可以小试勒兵乎？'对曰：'可。'……世俗所称师旅，皆道《孙子》十三篇……"这是现存关于《孙子兵法》十三篇作者的最早记载。

《孙子》一书有完整的思想体系，每篇各有主题，各篇思想前后连贯。清邓廷罗《兵镜备考》曾评价道："《孙子》一书，自《始计》以迄《用间》，如同条，如共贯，原始要终，层次井井，十三篇如一篇也。至一篇之中，节有旨，句有义，亦靡不纲举目张，主宾互见。"

《孙子》虽然只有短短的六千字，但却是一部卓越的军事哲理著作，一部具有高超智慧的将道教科书。其中包括：一、"计算"是一切军事计划研究与制订的起点，计算精确，判断才可能正确；二、"因敌而制胜"，切合兵无常势的战争规律，因而是一条最平常而又最重要的用兵原则；三、爱惜实力，才能保养根基——立于不败之地——致人而不致于人——安国全军；四、全胜原则，以尽量小的损失换取尽量大的战果，因而是一切战略的最高原则；五、自保才有可能获取全胜，所以善战者的战略措施总是首先以自己正确的部署去确保"自保"；六、与奇正相结合的用兵策略，永远随敌我虚实而变化——随机应变、因势利导，它就能常胜不败；七、谁掌握"虚实彼己"的主动权，谁就能为"敌之司命"；八、军争之利只能用间接手段去夺取，这种手段用得好，胜得容易、胜得巧妙；九、以"随时之中"为准则，掌握获取九变之利的方法，可以防止失误、可以保守优势；十、"知彼知己，知天知地，胜乃可全"，"知"是获取胜利的前提；十一、使用间谍了解敌情，先计而动、知胜而战，这是安国全军之道；十二、唯民是保而利于主的将帅，是一国之宝……由此可见，《孙子》又是一部具有博大而完整战争理论体系的军事著作。这部著作，是孙子总结春秋时期的历史经验,用科学分析的方法整理和吸收有关治国与用兵之思想而创作出来的。这部著作所揭示的战争规律、用兵原则具有深刻的哲理性和广泛而长久的实用性,这也就是它深受后世景仰的重要原因。

《孙子》在战国、秦汉之际已成为中国兵家显学,如《吴子》、《孙膑兵法》、《尉缭子》、《鹖冠子》、《管子》、《吕氏春秋》、《淮南子》等书均不同程度地沿用和征引《孙子》的文字和句意,这就是例证。此后历代兵家对《孙子》备加推崇,其势持续不衰。明茅元仪在《武备志·兵决评序》中指出:"前孙子者,孙子不遗;后孙子者,不能遗孙子。"这两句话正概括了《孙子》在中国古兵学史上崇高的地位和深远的影响。二战以来,《孙子》又广泛被世界所推崇而尊为"兵学圣典",目前已有日、英、法、德、俄、朝、意、捷克、罗马尼亚、希伯来、希腊、阿拉伯、荷兰、西班牙、越南、丹麦、缅甸、泰、马来西亚等不同语种的译本,在世界各地广泛流传。

二

这是一本关于《孙子》十三篇文句解读的普及性读物。它的内容包括:文句解读、理论引证、韵语标示、译文,而以文句解读为主,故本书名为《孙子详解》。

文句解读。重点是归纳篇旨和讲解文句。篇旨由文句归纳而来,而篇旨又是文句讲解的指南,所以十三篇都归纳出篇旨,分别置于各篇篇题之下。文句讲解基本上采用古文"串讲"的方法,由字词入手,辨疑析难,疏通文理,归纳大意。篇篇如是,处处如是,尽力将此书打造成一本文句与义理相兼顾的注释本。

理论引证。引证的范围主要是中国古兵法、古哲理,不引证战史。以引证的形式补充句解,让句解该说而不便于说的话用另一种形式说出来。一则使句解的内容尽可能充实起来,二则为综合研究《孙子》理论体系、考察《孙子》在中国古代文化传统和兵学中的承前启后作用,提供参考资料,以方便读者作进一步的研究。

韵语标示。《孙子》是具有格言化和赋化倾向的散文,行文中常常夹用韵语。在兵法中夹用韵语,目的是便于当时用兵的将吏诵读记忆。今天标示其韵语的目的:一、揭示《孙子》用韵的原貌,以还原《孙子》散文的本来面目——原本是夹用韵语的,因而文句多排偶而富有音乐性。二、孙子说到得意之处、关键之处往往用韵,因而用韵之处常有点明、回应与贯串的作用。标示其韵语,将有助于对文章原意的理解。三、《孙子》在流传中不断发展、补充,经过若干年代才成为"定本"。韵语的标示,为《孙子》文句的校勘以及对其成书过程的考察提供一些线索。又,二十年前我探索《孙子》韵读之时,急于求成,多有错漏,愧疚之心一直驱使我继续学习、修正。所以现在趁《孙子详解》出版的机会,将"韵语标示"整理出来,以求正于读者。

三

本书句解以宋刻《武经七书》的《孙子》做底本(《武经七书》,见上海商务印书馆 1935 年影印的《续古逸丛书》)。

本书主要校本:一、宋刻《十一家注孙子》(中华书局上海编辑所,1961 年影印本,简称《十一家注》);二、《银雀山汉墓竹简——孙子兵法》(文物出版社 1976 年出版,简称汉简本);三、《通典》(中华书局校点本,1988 年版);四、《太平御览》(中华书局,1960 年版,简称《御览》);五、《武经七书讲义》(日本庆长十一年活字本,简称《讲义》);六、《武经七书直解》(军用图书社,1933 年影印本,简称《直解》);七、《武备志》(故宫博物院译注,海南出版社,2001 年版)。

古韵归字,以王力主编的《古代汉语·上古韵部及常用字归部表》(中华书局,1962 年版)为依据。通韵、合韵,以王力《诗经韵读·通韵和合韵》(上海古籍出版社,1980 年版)为法则。

韵式的使用。一般韵式,以王力《诗经韵读·诗经韵例》(上海古籍出版社,1980 年版)为依据。句首、句中等韵式,以朱谦之《老子校释·老子韵例》(中华书局,1980 年版)为依据。"三句韵"韵式,以编者归纳的《"三句韵"韵式的来源及其韵例》(附录于本书之后)为依据。

○、△、×,都是标示韵位所使用的符号。○,是常用的标示符号。△,是韵位过密之时,为了醒目、易于区别而使用的标示符号。×,是依照"三句韵"韵式格律的要求,在不需要用韵的韵位上所使用的标示符号。

编　者

二〇一三年六月于西北师大寓所

目 录

前　言　　　　　　　　　　　　　　　1

始计第一　　　　　　　　　　　　　　1

作战第二　　　　　　　　　　　　　　12

谋攻第三　　　　　　　　　　　　　　20

军形第四　　　　　　　　　　　　　　30

兵势第五　　　　　　　　　　　　　　38

虚实第六　　　　　　　　　　　　　　48

军争第七　　　　　　　　　　　　　　63

九变第八　　　　　　　　　　　　　　75

行军第九　　　　　　　　　　　　　　82

地形第十　　　　　　　　　　　　　　95

九地第十一　　　　　　　　　　　　　106

火攻第十二　　　　　　　　　　　　　126

用间第十三　　　　　　　　　　　　　132

附:"三句韵"韵式的来源及其韵例　　　141

参考文献　　　　　　　　　　　　　　147

始计第一

"计",计算也,分析、筹划的意思;"始计",战前分析、筹划战略决策,对战争胜负的可能性作出判断,做到心中有数。

如何分析筹划战略决策?《始计》篇强调了四个方面:一、要重战。战争关系着民之生死、国之存亡,战争的目的是保国安民,所以不可好战,也不可忘战。二、要备战。必须具有强大的军事实力,才能击退来犯之敌、维护国家的统一,所以要实实在在根据敌我双方的道、天、地、将、法五方面实力去分析比较,制定出胜敌一筹的作战方略,以确保战争的胜利。三、要善胜。战争的规律是以无常轨为常规,所以以"力"胜敌的同时,还必须力求以"谋"胜敌。重点是因敌制胜,采用随机应变的策略,灵活地从军事、政治、外交等方面削弱敌方的实力,以辅助作战方略的贯彻施行。四、重筹划。战前必须对决定战争胜负的各种因素作整体研究。筹划得周密就胜券在握,筹划得不周密就必败无疑。所以善用兵者的举措必定是先计而后动,知胜而始战。

《始计》讲战前分析筹划战略决策,所以置于十三篇之首,而其中的重战、备战、善胜、重筹划的战略思想延伸到其后各篇中,所以《始计》在《孙子》书中又是一篇具有纲领性的篇章。

一

【原文】

孙子曰:兵者,国之大事①——死生之地,存亡之道②——不可不察也。③

【句解】

①"兵者,国之大事" 兵:械也,本是兵器,引申出多种意义,这里指战争。大事:战争关乎国家之命运,故称战争为"大事"。《周礼·地官·小司徒》:"凡国之大事,致民。"郑注:"大事谓戎事也。"战争与国家命运的关系究竟有多"大"?

②"死生之地,存亡之道"　　死生:人民死生。地:居处。"死生之地",人民生死之所在。存亡:国家存亡。道:所由。"存亡之道",国家存亡之所由。"死生之地,存亡之道",说战争关乎人民与国家的生死存亡,是"文中自注"的注文,补说"兵者"何以是"国之大事",即战争与国家命运的关系有多"大"。杨树达《古书疑义举例续补·文中自注例》说:"古人行文,中有自注,不善读书者,疑其文气不贯,而实非也。"可见"兵者,国之大事"句意未完。汉简本及樱田本作"国之大事也","也"是衍字。

③"不可不察"　　察:考察。战争关乎人民与国家的生死存亡,因而以"不可不"强调"考察"(亦即"始计"之"计",对战略决策的分析、筹划)必须审慎、仔细、明确。这是战略决策研究的起点。所以,"兵者,国之大事——死生之地,存亡之道——不可不察也"一句为《始计》篇之首,《始计》篇又为全书之首。重战思想由此贯穿于全书。

《司马法·仁本》:"国家虽大,好战则亡;天下虽安,忘战必危。"(据《刘子·阅武》引文)

《孙膑兵法·见威王》:"战胜,则所以在亡国而继绝世也;战不胜,则所以削地而危社稷也。是故兵者不可不察。"

【译文】

孙子说:战争是国家的大事——关系着民之生死、国之存亡——不可不认真考察研究。

二

【原文】

故经之以五事,校之以计,而索其情。①一曰道,二曰天,三曰地,四曰将,五曰法。②道者,令民与上同意,可与之死,可与之生,而不畏危也。③天者,阴阳、寒暑、时制也。④地者,远近、险易、广狭、死生也。⑤将者,智、信、仁、勇、严也。⑥法者,曲制、官道、主用也。⑦凡此五者,将莫不闻;知之者胜,不知者不胜。⑧故校之以计,而索其情:⑨曰主孰有道?⑩将孰有能?⑪天地孰得?⑫法令孰行?⑬兵众孰强?⑭士卒孰练?⑮赏罚孰明?⑯吾以此知胜负矣。⑰

【句解】

① "故经之以五事"三句　　经之以五事：以五事经之。五事,指下文的"道、天、地、将、法"。经,大纲、常法。《左传·隐公十一年》:"恕而行之,德之则也,礼之经也。"校之以计：以计校之。计,以筹码计算。校,比较。索：审也,审察,这里是"判断"的意思。其情：五事之情,即敌我强弱的情势。这三句说以五事为作战方略的大纲,用筹码计算进行比较,来判断敌我强弱的情势。要正确制定作战方略,敌我国力的计算必须精确,判断必须准确。

《管子·七法》:"刚柔也、轻重也、大小也、虚实也、远近也、多少也,谓之'计数'。""不明于计数,而欲举大事,犹无舟楫而欲经于水险也。""故明于机数者,用兵之势也。"

② "一曰道"五句　　曰：犹"为",是。道、天、地、将、法：政令(《诗·桧风·匪风》:"顾瞻周道。"《笺》云:"周道,周之政令也。")、天时、地利、将德、法制。这五个基本方面,是研究战争胜负的实实在在的根据,是制定作战方略的主要内容。

《司马法·定爵》:"顺天,阜财,怿众,利地,右兵,是谓五虑。"

③ "道者"五句　　道：政令。令：使。上：君主。意：犹"心","同意"谓同心。畏：衍字。此句汉简本作"民弗诡也"、杜佑《通典》作"而人不倦",均无"畏"字。危：通"诡",欺诈。"不危",不叛变、无二心。政令宣通,民众与君主同心同德,才有战胜的可能。

《荀子·议兵》:"凡用兵攻战之本在乎壹民。弓矢不调,则羿不能以中微;六马不和,则造父不能以致远;士民不亲附,则汤、武不能以必胜也。故善附民者,是乃善用兵者也。故兵要在乎善附民而已。"

《淮南子·兵略训》:"兵之胜败,本在于政。政胜其民,下附其上,则兵强矣。民胜其政,下畔其上,则兵弱矣。"

《管子·君臣上》:"先王善与民为一体。与民为一体则是以国守国,以民守民也。"

④ "天者"句　　阴阳：古代指宇宙间贯通物质和人事的两大对立面,指天地间化生万物的二气。阴阳之气正常,风霜雨雪适时,则人民安康、五谷丰登;阴阳之气失常,风霜雨雪违时,则民多夭疾,五谷不升。人与谷,是用兵的根本,故"阴阳"置于"天"的首位。寒暑：严寒与盛夏。古人冬夏不兴师,这里指出师季节是否有利。时制：时令、季节,这里指开战的时机是否有利。用兵善谋,不如当时。

《国语·越语下》:范蠡曰:"夫圣人随时以行,是谓守时。天时不作,弗为人客;人事不起,弗为之始。""得时无怠,时不再来,天予不取,反为之灾。赢缩变化,后将悔之。"

《管子·形势》:"其功顺天者,天助之,其功逆天者,天违之。天之所助,虽小必大,天之所违,虽成必败。顺天者有其功,逆天者怀其凶,不可复振。"

⑤"地者"句 此句汉简本作:"地者,高下、广狭、远近、险易、死生也。"孙子重视"高下"在作战中的作用,《行军》曰"战隆无登"、《地形》曰"必居高阳以待敌",故当从汉简本补"高下"。高下:地势的高下。远近:从营地到战场的远近。险易:战地的险隘与平坦。广狭:战线的宽广窄狭。死生:战地是否进可攻,退可守。"地者"是孙子讲地形、地势的纲领,《行军》第九、《地形》第十、《九地》第十一等篇,其源皆出于此。

《周易·坎卦·象》:"天险,不可升也;地险,山川丘陵也。王公设险以守其国。险之时用大矣哉!"

《黄帝四经·十大经·兵容》:"不法地,兵不可昔。"

《诸葛亮集·将苑·地势》:"夫地者兵之助也,不知战地而胜者,未之有也。"

⑥"将者"句 智:智谋。《孙子》十三篇都以智谋为基础,战略的本质就是斗智,所以"智"置于首位。信:守信。将自身言而有信,因而取信于士卒,然后才能令行禁止。《孙膑兵法·威王问》:"威王曰:'令民素听,奈何?'孙子曰:'素信。'"仁:仁爱。上爱下,然后得士卒之心。"视卒如婴儿,故可与之赴深谿;视卒如爱子,故可与之俱死。"(《地形》)勇:刚毅果敢。《左传·昭公二十年》:"知死不辟(避),勇也。"严:严明,指严于律己、赏罚公平。将虽然重在有"智",但五德相配然后有其用,所以《十一家注》曹操曰:"将宜五德备也。"

《刘子·兵术》:"智以能谋,信以约束,仁以爱人,勇以陵弱,严以镇众。""夫将者,以谋为本,以仁为源;谋以制敌,仁以得人。"

⑦"法者"句 法:法制,指的是军中的军制。曲制:指军队中士卒、旗帜、金鼓的编制制度。官道:管理将士的办法。主用:辎重、粮食、财货的管理。主,掌。用,军资用也(《十一家注》李筌曰)。三军将士要形成一个战斗集体,必须"部曲有制,分官有道,费用有主。"(《兵诀评》)

⑧"凡此五者"四句 闻:听闻,知道。将参与庙算必知道五事,所以说"将莫不闻"。知:了解。将在筹划大计中的责任极其重大,不能只知道其事而已,而必须有深入的了解,然后判断才会正确,并因而获得胜算。

⑨"故校之以计"二句 承上"故经之以五事、校之以计、而索其情"而来,经过分析、比较,而后作出判断。

⑩ "主孰有道"句　　主：春秋时期，指执政的上卿，与指国君的"君"有别，到战国时期，才称君为主。孰：谁。道：指君道。君有道，则政令宣通，贤才得用，能做到治官化民。"主孰有道"，意思是判断君主哪一个君道正确。以下各句都有"判断"之意在其中。

《管子·君臣上》："论才、量能、谋德而举之，上之道也。""主道得，贤才遂，百姓治。治乱在主而已矣。"

⑪ "将孰有能"句　　能：德也，指智、信、仁、勇、严五种武德。
⑫ "天地孰得"句　　天地得：得天时地利。
⑬ "法令孰行"句　　法令：指具有法令形式的军纪。将吏和士卒都自动用军纪约束自己，上爱护下、下服从上，做到"少长有礼"（《左传·僖公二十八年》："少长有礼，其可用也。"），这就是"法令行"；只有"法令行"，三军之众才能用于战斗。

《战国策·楚策》："法令既明，士卒安难乐死。"

⑭ "兵众孰强"句　　兵：兵器。众：如《周礼·春官·大宗伯》"用众"、"恤众"之"众"，义同师旅，指士卒。强：指兵器的精良、士卒的勇敢。

《管子·兵法》："器械巧，则伐而不费。"又《参患》："兵不完利，与无操者同实；甲不坚密，与俴者同实；弩不可以及远，与短兵同实；射而不能中，与无矢者同实；中而不能入，与无镞者同实。……故曰器滥恶不利者，以其士予人也。"

《商子·画策》："民勇者战胜，民不勇战败。能一民于战者，民勇；不能一民于战者，民不勇。"

⑮ "士卒孰练"句　　练：精壮，干练，指平日训练有素。

《管子·兵法》："五教：一曰，教其目以形色之旗；二曰，教其耳以号令之数；三曰，教其足以进退之度；四曰，教其手以长短之利；五曰，教其心以赏罚之诚。五教各习，而士负以勇矣。"

《诸葛亮集·将苑·习练》："夫军无习练，百不当一；习而用之，一可当百。"

⑯ "赏罚孰明"句　　明：严明，是说当赏必赏，当罚必罚。

《孙膑兵法·将义》："不严则不威，不威则卒不死。"
《管子·七法》："赏罚明则民不幸生，民不幸生则勇士劝矣。"

⑰ "吾以此知胜负"句　　此：指上文敌我双方七个问题的判断。此"胜负"，与前文"知之者胜，不知者不胜"之"胜"相应。战争靠实力取胜，备战思想由此贯穿于全书。

《淮南子·兵略训》:"凡用兵者,必先自庙战:主孰贤?将孰能?民孰附?国孰治?蓄积孰多?士卒孰精?甲兵孰利?器备孰便?故运筹于庙堂之上,而决胜于千里之外矣。"

【韵语】

"故校之以计,而索其情:曰主孰有道?将孰有能?天地孰得[1]?法令孰行?兵众孰强?士卒孰练?赏罚孰明[2]?吾以此知胜负矣。"此段韵语采用了两种韵式。

[1] 三句韵式:道:幽部,不韵;能、得,之职通韵。按:"三句韵"韵式源自先秦齐地的歌谣、民谚、格言,后移植到齐地散文中,其韵式发展为三种:1.(○○○)式,2.(×○○)式,3.(○×○)式。(请参阅本书后附的《"三句韵"韵式的来源及其韵例》)这里用的是(×○○)式。

[2] 四句一韵:行、强、练、明,阳元合韵。

【译文】

所以,以五事为作战方略的大纲,用筹码计算进行比较,来判断敌我强弱的情势。一是政令,二是天时,三是地利,四是将德,五是法制。所谓政令,是使民众与君主同心同德,可与君主共死亡,可与君主共生存,而不叛逃。所谓天时,是看阴阳大气正常与否、出师季节有利与否、开战时机适时与否。所谓地利,是看地势的高下、从营地到战场的远近、战地的险隘与平坦、战线的广与狭、战地是否进能攻而退能守。所谓将德,是看智谋、信誉、仁爱、勇敢、严明五德。所谓法制,是看编制是否合理、军吏是否称职、辎重粮食财货的管理是否得当。所有这五个方面,参与庙算的将帅没有不知道的,而深入了解其情的能胜,不深入了解其情的不能胜。所以通过分析比较,可以判断敌我强弱的情势:君主哪一个君道正确?将领哪一个武德好?天时地利哪家得到了?法令哪家执行得好?武器、军队哪家强?士卒训练哪家精?赏罚哪家严明?我凭对这七个问题的判断就了解胜负的可能性了。

三

【原文】

将听吾计,用之必胜,留之;将不听吾计,用之必败,去之。①

计利以听，乃为之势，以佐其外②——势者，因利而制权也。③兵者，诡道也。④故能而示之不能，用而示之不用，⑤近而示之远，远而示之近，⑥利而诱之，乱而取之，⑦实而备之，强而避之，⑧怒而挠之，卑而骄之，⑨佚而劳之，亲而离之。⑩攻其无备，出其不意，此兵家之胜，不可先传也。⑪

【句解】

①"将听吾计"六句　　将：指将要选配统领全军的将帅。听：理解、领会的意思（郭鸿翔《孙子兵法通俗讲义》，40 页）。吾计：承上文指庙堂之上所制订的作战方略。作战方略的实施需要高度的军事艺术，所以理解、领会作战方略的将帅，用之必胜而留用他，否则，用之必败，则舍弃不用。

《六韬·王翼》："凡举兵帅师，以将为命。命在通达，不守一术。因能受职，各取所长。随时变化，以为纲纪。"

②"计利以听"三句　　计利：计算敌我的利害。以：已。听：察也。计算敌我的利害已明确，等于说作战方略已制定好。势：策略。陈启天说："势字，浑言之，可释为术或策略；详言之，则今天之政略战略及战术，皆可统摄之。"（《孙子兵法校释》，中华书局民国三十六年版，54 页）佐：辅助。其：作战方略。外：表，指实施。作战方略只是战前为了求胜而拟定的作战原则与方法，在实践中还需要策略的辅助方可实施。策略的内容是什么呢？

③"势者"句　　制：决定，采取。权：秤锤，称物时随物的轻重而移动，故"权"引申为机变、变通。"势"是依据利害而采取应变的措施，简言之是随机应变的策略。此句是文中自注，对上文"乃为之势"的"势"字补充说明，以界定"势"的内容。明李贽在《孙子参同》中说："势者，权势也。兵无定势，所谓诡道奇谋，此则临时因利而后制，不可以先传也。""势"的意思是"权势"，并且与下文的"诡道"、"不可先传"有关联。李说极是。作战方略的实施为什么需要以随机应变的策略去辅助呢？

清耆英《满汉合璧孙子兵法序》："《孙子兵法》体用经权，无往不备。"

④"兵者"句　　兵：用兵打仗。诡道：诡诈之术。"兵者诡道也"，意为用兵打仗以无常轨为常规，用兵打仗以无定势为法则。（钮先钟《孙子三论》："'诡道'并非特定名词，只是表示一种随机应变、毫无常轨的形式。"）"兵者诡道也"与《虚实》篇"兵无常势，水无常形，能因敌变化而取胜者，谓之神"一样，揭示了用兵打仗的规律。这一句回应上文：以用兵打仗的规律来说明因利制权的必要性；亦启下文之端：因利制权的形式无常轨可循，略举例如下。

吕坤《呻吟语·治道》:"治道尚阳,兵道尚阴;治道尚方,兵道尚圆。是惟无言,言必行;是惟无行,行必竟。易简明达者,治之用也。有言之不必行者,有言之即行者,有行之后言者,有行之竟不言者,有行之非其所言者。融通变化,信我疑彼者,兵之用也。二者杂施,鲜不败矣。"

⑤ "故能而示之不能"二句　故:所以。能:有力,能打。示:表现,装作。用:用兵、要打。敌以为我"能打",这是"机",我随之示"不能打";敌以为我"要打",这是"机",我随之示"不要打",随敌方的意向而隐形敛迹,然后出其不意而胜之,这是"势",也就是"随机应变"。根据敌我情势而示形,敌人才会上钩,我的示形才具有目的性。随机应变需要"诈",而"诈"不能替代随机应变。以下讲用各种随机应变的策略从军事、政治、外交等方面去削弱敌方,为我方作战方略的实施创造有利条件。

《六韬·发启》:"鸷鸟将击,卑飞敛翼;猛兽将搏,弭耳俯伏;圣人将动,必有愚色。"

《黄帝四经·十大经·顺道》:"战示不敢,明势不能。"

⑥ "近而示之远"二句　近:近攻。远:远袭。敌以为我"近攻",我示之"远袭";敌以为我"远袭",我示之"近攻",声东击西,令敌失备,然后攻其无备而胜之。

《淮南子·兵略训》:"为之以歙,而应之以张,将欲西而示之以东。先忤而后合,前冥而后明。若鬼之无迹,若水之无创。故所乡非所之也,所见非所谋也,举措动静莫能识也。若雷之击,不可为备;所用不复,故胜可百全。"

⑦ "利而诱之"二句　利:贪利。诱:以利诱之。敌贪利是"机",我随机诱而克之。乱:内乱。《左传·文公七年》:"兵作于内为乱。"取:容易地征服别国或打败敌军。敌内乱是"机",我随机夺之。随机应变,事半功倍。

《太白阴经·沉谋》:"贪者利之,使其难厌。"

《左传·襄公三十年》:"子皮曰:'仲虺之志云:"乱者取之,亡者侮之。"推亡固存,国之利也。'"

《吕氏春秋·应同》:"攻乱则脆,脆则攻者利;攻乱则义,义则攻者荣。"

⑧ "实而备之"二句　实:敌充实,如人马精壮、粮食丰足、行阵严整。备:防备,戒备。强:敌强盛,如兵器精良、士卒勇敢。避:躲开,回避。敌强我弱,则备之避之,待时而作,此变通之策也。

《国语·越语下》:越王急于伐吴,范蠡谏曰:"尽其阳节、盈吾阴节而夺之。""阳节不尽,轻而不可取。"

《吴子·料敌》:"有不占而避之者六。……凡此不如敌人,避之勿疑,所谓'见可而进,知难而退'也。"

⑨ "怒而挠之"二句　　怒:敌恼怒,这是"机"。挠:扰也,撩拨、刺激。敌怒而使之失控,这是"应变"。卑:敌卑怯,也是"机"。骄之:使之骄傲。敌卑而骄之,终令其懈怠,也是"应变"。"大凡用兵,若敌人不误,则我安能克哉?"(《李卫公问对》卷下)所以,让敌人在错误的道路上走向失败,是用兵打仗的法则所认可的。

《六韬·三疑》:"夫攻强必养之使强,益之使张;太强必折,太张必缺。"

《六韬·文伐》:"因其所喜,以顺其志,彼将生骄,必有好事。苟能因之,必能去之。"

⑩ "佚而劳之"二句　　佚:同"逸",安逸自在。劳:疲劳。亲:团结。离:分也。彼逸则使之劳,彼亲则使之离,使敌瘫痪无力、众叛亲离,由实变虚,由主动变被动。

《左传·昭公三十年》:吴子问伍员伐楚之战略战术,"对曰:楚执政众而乖,莫适任患。若为三师以肄焉,一师至,彼必皆出。彼出则归,彼归则出,楚必道敝。亟肄以罢之,多方以误之。既罢而后以三军继之,必大克之。"

《三略·上略》:"敌睦携之。"

⑪ "攻其无备"四句　　出:犹"击",《六韬·临境》"击其不意,攻其无备"可证。不意:懈怠,空虚无防备。"攻其无备,出其不意",随其无备而攻之,随其懈怠而击之。《十一家注》张预曰:"谓懈怠之处,敌之所不虞者,则击之。""谓虚空之地,敌不以为虑者,则袭之。"这两句是对上文十二句临敌制胜之术的形象概括。此:指前两句所概括的临敌制胜之术。兵家:军事家或用兵者。胜:制胜之术。传:言。"不可先传",不可预先议定,是说这种临敌制胜之术没有固定不变的格式,而是依靠将帅善于因敌制胜的军事经验所造成的。四句回应上文并为全段作结:巧于随机应变,才能确保作战方略的顺利实施。战争要依靠谋略,因敌制胜,善胜的思想由此贯穿于全书。

《孙子·虚实》:"故兵无常势,水无常形,能因敌变化而取胜者,谓之神。"

荀悦曰:"权不可预设,变不可先图。与时迁移,应物变化,设策之机也。"(转引自《资治通鉴》)

邓廷罗《兵镜备考》:"救乱如救病,用兵犹用药。善医者因症立方,善兵者因敌设法。"

【韵语】

"故能而示之不能，用而示之不用，近而示之远，远而示之近。"首尾韵：能、能，之部；用、用，东部；近、远，文元合韵；远、近，元文合韵。（首尾韵例——《老子·五十八章》："祸兮福之所倚，福兮祸之所伏。"祸、倚，歌部；福、伏，之部。例见朱谦之《老子校释》，211页。）

"利而诱之，乱而取之。"二句协韵：诱、取，幽侯合韵。（《诗·秦风·小戎》："小戎俴收，五楘梁辀，游环胁驱。"幽侯合韵，例见王力《诗经韵读》，227页）

"实而备之，强而避之。"二句协韵：备、避，职锡合韵。

"怒而挠之，卑而骄之。"二句协韵：挠、骄，宵部。

"佚而劳之，亲而离之"二句不韵（劳、宵部；离、歌部），疑错简漏简所致。宋·曾公亮《武经总要·卷四·奇兵》引此二句之下尚有"饱而饥之，安而动之"二句，曾所引有助于"怒而挠之"以下各句用韵问题的研究。首先，曾所引不是"率引"于《虚实》：《虚实》的"饱能饥之，安能动之"，用"能"而不用"而"，强调的是掌握"致人"主动权的效应，与篇旨相一致；曾所引的"饱而饥之，安而动之"，用"而"而不用"能"，强调的是随机应变的巧妙，与上文及《始计》篇旨相一致。如果曾所引有依据，就证实"佚而劳之，亲而离之"漏了简。其次，以用韵规律来衡量，曾所引二句可能误倒了，要是倒回来——"怒而挠之，卑而骄之，佚而劳之[1]，亲而离之，安而动之，饱而饥之[2]"，则是两组三句韵：1.（○○○）式——挠、骄、劳，宵部；2.（○×○）式——动，东部，不韵，离、饥，歌微合韵。

"攻其无备，出其不意，此兵家之胜，不可先传也。"二句协韵：备、意，职部。

【译文】

选配的将帅理解、领会我的作战方略，任用他一定打胜仗，就留用他；选配的将帅不理解、领会我的作战方略，任用他一定打败仗，就辞退他。

作战方略已制定好，就为它造"势"，以助其实施——所谓"势"，是随机应变的策略。用兵打仗，是诡诈之术。所以，敌以为我能打我就装作不能打，敌以为我要出兵我就装作不出兵，敌以为我近攻而我装作远袭，敌以为我远袭而我装作近攻，敌贪利我就诱而克之，敌内乱我就灭而夺之，敌方充实我就备其侵袭，敌方强盛我就避其锐气，敌方恼怒我就撩拨而叫他失控，敌方卑怯我就使他骄傲起来而变得懈怠，敌方安逸自在即让他疲于奔命，敌方亲密团结即让他众叛亲离。随其无备而攻之，随其懈怠而击之，这种军事家临敌制胜之术，是不可以预先议定的。

四

【原文】

夫未战而庙算胜者，得算多也；未战而庙算不胜者，得算少也。①多算胜，少算不胜，而况于无算乎！吾以此观之，胜负见矣。②

【句解】

① "夫未战而庙算胜者"四句　　庙算：朝廷或帝王对战事进行的谋划，承上文指战略决策。得算：犹得计，计谋成功，指筹谋深远，稳操胜券。"未战而庙算胜者，得算多也"，未战而战略决策先胜，是由于所操胜券多——筹划周密、力与谋获胜的条件充分；"未战而庙算不胜者，得算少也"，未战而战略决策不胜，是由于所操胜券少——筹划不周密、力与谋获胜的条件不充分。四句强调说，先知是先胜的基础，用兵者须"先计而后动，知胜而始战"（语见《诸葛亮集·将苑·将诚》）。

② "吾以此观之"二句　　此：指上七句所说的道理。见：预见。二句承上文为全篇作结，必须对敌我战略决策作深入的比较分析，先计先胜才能开战。重筹划的思想，由此贯穿于全书。

《管子·七法》："故凡攻伐之为道也，计必先定于内，然后兵出乎境。计未定于内而兵出乎境，则是战之自败，攻之自毁也。"又《兵法》："举兵之日而境内不贫者，计数得也"；"计数得，则有明也"。

《孙子·军形》："是故胜兵先胜而后求战，败兵先战而后求胜。"

【译文】

未战而庙算先胜，是由于所操胜券多；未战而庙算不胜，是由于所操胜券少。多操胜券者胜，少操胜券者不胜，更何况不操胜券的呢！我凭这些来观察，胜负的可能性就预见到了。

作战第二

"作",兴也,起也。"作战",兴兵打仗。如何兴兵打仗?战争大量耗费资财,列国长期争霸兼并,在此情势之下,持久不决是用兵之害,所以善战者应采用"速战速决"、"因粮于敌"的军事策略,尽量保存国力军力,在长期抗争之中取得最后胜利。这是本篇的中心论题,也就是如何兴兵打仗的大战略计划。

持久不决,何以是用兵之害?在举兵十万、日费千金的情势之下,劳师远征,民劳兵弊,以长期之战求全面之胜,势必加速国力军力的耗费,加大诸侯乘机入侵的风险。这是自我倾覆。发现"持久不决是用兵之害"这一把战略之门的钥匙,用兵之利这一扇战略大门随之洞开,整个诸侯兼并战争如何获胜的大战略随之呈现出来。第一段讲"用兵之害",是《作战》全篇重心之所在,自此之下的文字则是重心的延伸、文章的余绪。

速战速决、因粮于敌是战略性的军事策略,与《谋攻》的"不战而屈人之兵"、《军形》的"先为不可胜"的思想交叉点是——"爱惜实力"。爱惜实力是一种军事哲学,其功效是:保养根基,立于不败之地,致人而不致于人,安国全军。这是三篇彼此联络的一根思想纽带。

一

【原文】

孙子曰:凡用兵之法,驰车千驷,革车千乘,①带甲十万,千里馈粮;②内外之费,宾客之用,③胶漆之材,车甲之奉,④日费千金,然后十万之师举矣。⑤其用战也胜,久则钝兵挫锐,攻城则力屈,久暴师则国用不足。⑥夫钝兵挫锐,屈力殚货,则诸侯乘其弊而起,虽有智者不能善其后矣。⑦故兵闻拙速,未睹巧之久也。⑧夫兵久而国利者,未之有也。⑨故不尽知用兵之害者,则不能尽知用兵之利也。⑩

【句解】

①"驰车千驷"二句 驰车:古代轻型的战车,也叫轻车。驷:四匹马拉的

车叫驷,此借指"乘"。此不曰"乘"而曰"驷"者,变文以避复也。革车:辎重车,又叫重车。自此以下数说组建军队的每一环节都需要花费大量的资财。

②"带甲十万"二句　　带甲:披甲士卒。馈粮:运送军粮。

③"内外之费"二句　　内外:国之内外。军在外作战,故"外"指军中,"内"指国中。宾客:春秋战国时的"客卿"、"客将军",外聘的将校、谋士,如吴所聘的楚人伍子胥、齐人孙武即是其例。费:费用。二句谓国内、军中接待宾客的费用。其时一间谍即"爵禄百金",可见所费甚巨。

④"胶漆之材"二句　　胶漆:胶与漆,指黏结之物,制造弓弩车甲所用。车甲:兵车、甲胄。奉:供也、供给。

⑤"日费千金"二句　　千金:谓大量金钱。举:出动。承上文说,日费千金,然后十万大军才出动得了。日费千金之师,打仗耗费时日就是耗费国家的元气!

《管子·参患》:"故一期之师,十年之蓄积弹;一战之费,累代之功尽。"
《法法》又曰:"贫民伤财莫大于兵,危国忧主莫速于兵。"

⑥"其用战也胜"四句　　其:指日费千金的十万之师。用战:用兵打仗。也:语气助词,加强语势。胜:克敌,战胜敌人。久:持久不决,以长期之战求全面之胜。"久则钝兵挫锐",如果持久不决就会使兵器钝缺,锐气受挫。攻城:此指求胜不已之举。力屈:战斗力耗尽。久暴师:长久陈兵于外。国用不足:犹国库枯竭。这四句说用兵是为了达到战胜敌人的目的,如果持久不决就会加速国力、军力的耗费。

《管子·七法》:"国贫而用不足,则兵弱而士不厉;兵弱而士不厉,则战不胜而守不固;战不胜而守不固,则国不安矣。"
《史记·苏代列传》:"数战则民劳,久师则兵弊。"

⑦"夫钝兵挫锐"四句　　殚货:财物耗尽。起:发也,发难。善:处理好。后:指"诸侯乘其弊而起"的遗留问题。这四句承上文说,加速国力军力的耗费就会引发难以挽救的诸侯入侵的危机。

《说苑·正谏》:"园中有树,其上有蝉。蝉高居悲鸣饮露,不知螳螂在其后也;螳螂委身曲附欲取蝉,而不知黄雀在其傍也;黄雀延颈欲啄螳螂,而不知弹丸在其下也。此三者皆务欲得其前利,而不顾其后之有患也。"

⑧"故兵闻拙速"二句　　用兵只听说过笨拙的速战速决,未见过工巧的持久不决。意思是打仗与其用工巧的持久战,还不如用笨拙的速决战。这两句的用意是划清二者的界限,速战速决即使笨拙也是一种可贵的军事策略。因为"速虽拙,不费财力也;久虽巧,恐生后患也"(《十一家注》何氏曰)。

⑨"夫兵久而国利者"二句　　兵久：用兵持久不决。国利者：有利于国者。未之有也：未有之也，从来未有过。这是就耗费民力财用、国家元气大受损伤而说的。二句说持久不决对国家从来不利，一则补充说明上二句巧久不如拙速的原因，二则给持久不决的战略效应作最终的结论：没有任何价值。

⑩"故不尽知用兵之害者"二句　　意谓如果不完全了解什么是"用兵之害"，就不能完全了解什么是"用兵之利"。用兵之害：承上文指用兵持久不决而加速耗费国力军力，加大诸侯入侵的风险。用兵之利：与"用兵之害"相对，指采用"速决战"在列国抗争中易于获胜。了解什么是"害"，才能防"害"、避"害"，从而趋其"利"而有其"利"，二句是承上启下之词，而富有哲理性。"害"与"利"相生相成，"杂于利害"来思考才能知道如何避害趋利。《作战》篇正是用这种思想方法进行思考而寻找到避害趋利的途径——"兵贵胜，不贵久"。

《孙子·九变》："是故智者之虑，必杂于利害。杂于利，而务可信也；杂于害，而患可解也。"

《老子》七十一章："圣人不病，以其病病。夫唯病病，是以不病。"

《荀子·不苟》："欲恶取舍之权：见其可欲也，则必前后虑其可恶也者；见其可利也，则必前后虑其可害也者；而兼权之，孰计之，然后定其欲恶取舍，如是则常不失陷矣。"

【韵语】

"凡用兵之法，驰车千驷，革车千乘，带甲十万，千里馈粮；内外之费，宾客之用，胶漆之材，车甲之奉，日费千金，然后十万之师举矣。"二句间韵：乘、粮、用、奉，蒸阳东东合韵。八句四韵，一韵一顿，如数数目，直贯"日费千金"而止，可见举十万之师之不易。

【译文】

孙子说：用兵作战的常规，修造战车千辆，修造辎重车千辆，组建十万军队，输送粮食于千里之外。国内与军中供奉外籍将校谋士的费用，胶漆器材的供应，车辆兵甲的修造，每日耗费千金之资，然后十万大军才能出动。日费千金之师打仗是要战胜敌人，如果持久不决就会使兵器钝缺，锐气受挫，攻城就会使战斗力消竭，久暴师于外就会使国库枯竭。要是兵器钝缺，锐气受挫，财力枯竭，诸侯就会趁我疲弊之机入侵，即使有智谋之士也无法挽救得了这种局势。所以，打仗与其用工巧的持久战，还不如用笨拙的速决战。用兵持久不决而对国家有利的事，从来没有过。因此，如果不完全了解什么是用兵之害，就不能完全了解什么是用兵之利。

二

【原文】

善用兵者,役不再籍,粮不三载;①取用于国,因粮于敌,故军食可足也。②国之贫于师者远输,远输则百姓贫。③近师者贵卖,贵卖则百姓财竭,财竭则急于丘役。④力屈中原,内虚于家,百姓之费,十去其七。⑤公家之费——破车罢马,甲胄矢弓,戟楯矛橹,丘牛大车——十去其六。⑥故智将务食于敌。⑦食敌一钟,当吾二十钟;萁秆一石,当吾二十石。⑧故杀敌者,怒也;取敌之利者,货也。⑨车战,得车十乘以上,赏其先得者,而更其旌旗;车杂而乘之,卒善而养之,⑩是谓胜敌而益强。⑪

【句解】

①"善用兵者"三句　　善用兵者:此指孙子心目中奉行速决战战略的统帅。役:兵役。再籍:再次登记兵役,引申为再次发兵。粮不三载:军队所需粮食只运输两次,即军出则载粮以送之,归国则载粮以迎之,如是则减轻国家粮食运输的压力,而这样做也正与"役不再籍"相一致。这三句说速战速决战略的征兵、运粮原则。可见速战速决与持久不决不同,要求打一战而胜,一胜而止之仗,只作短期之战,不作长期之战。

《管子·兵法》:"故至善不战,其次一之。"

《李卫公问对》卷中:"'役不再籍,粮不三载。'此不可久之验也。"

②"取用于国"三句　　用:指兵甲战具。因粮于敌:军粮在敌国就地补给。这三句承上文对"粮不三载"作补充——作战时的粮食就这样解决了。善用兵者最关心的是军队的补给运输,认为"因粮于敌"原则在后勤与经济上最符合速决战的要求。

③"国之贫于师者远输"二句　　师:征伐。远输:远途运输粮草。国内转输粮草,道路耗费甚巨,转输成本比粮草本身的价格高达二十倍(见下文"食敌一钟,当吾二十钟;萁秆一石,当吾二十石"),所以说国家贫困于征伐的原因是远输。这两句说,远输则国贫而民亦贫,自此以下推论远师远输之害。

《三略·上略》:"夫运粮千里,无一年之食;二千里,无二年之食;三千里，无三年之食，是谓国虚。国虚则民贫，民贫则上下不亲，敌攻其外，民盗其内，是谓必溃。"

④"近师者贵卖"三句　　近师者：指远师之军所驻扎之地。贵卖：抬高物价。百姓：涉上文而衍，贵卖而财竭者，不是百姓而是国家，即是说远师则国贫。丘役：赋税，赋役。国贫而急于征税，急于征税则民贫，即是说远师则民亦贫。

⑤"力屈中原"四句　　运粮则力尽于原野。内虚于家：家产内虚（《十一家注》张预曰）。这四句承上文说，远师远输使百姓资财十去其七。

> 《管子·八观》："什一之师，什三毋事，则稼亡三之一。稼亡三之一，而非有故积也，则道有捐瘠矣。什一之师，三年不解，非有余食也，则民有鬻子矣。"

⑥"公家之费"六句　　破：坏。罢：同"疲"。甲胄矢弓：泛指各种兵甲战具。又，"弓"十一家本作"弩"，协韵，可从。戟楯矛橹：泛指各种攻防兵器。丘牛：大牛，用于拉重车。大车：辎重车。"甲胄矢弓"以下三句承上"破车罢马"而省"破"、"罢"字，谓亦"破"了甲胄、矢弓、戟楯、矛橹、大车，亦"罢"了丘牛。此六句承上文说，远师远输使公家资财十去其六。

> 《墨子·非攻中》："今尝计军（上）[出]：竹箭、羽旄、帷幕、甲盾、拨劫，往而靡弊腑冷不反者，不可胜数。又与[其]矛、戟、戈、剑、乘车，其（列往）[往则]碎折靡弊而不反者，不可胜数。与其牛马，肥而往，瘠而反，往死亡而不反者，不可胜数。"

⑦"故智将务食于敌"句　　故：所以。务：必。食：养也，给养。"食于敌"，从敌方获取给养，包括粮食、甲兵、车辆。"食于敌"，是在远师远输陷国家百姓于困境的情况下效法善用兵者"因粮于敌"原则而采取的措施，既节省我方的消耗，又使敌方蒙受损失，故称采取此项措施者为"智将"。以下分析"食于敌"之利及其方法。

> 《司马法·定爵》："阜财（积聚财物）因敌。"

⑧"食敌一钟"四句　　钟：容量单位，六十四斗。当：抵。莒：同"箕"，豆秸。秆：禾茎。国内转输粮草，道路耗费甚巨，费二十乃得一，所以说食敌粟一钟，可抵消我转输二十钟的耗费；取敌豆秸禾茎一石，可抵消我转输二十石的耗费。

⑨"故杀敌者"二句　　怒：同"努"，勉力，指激励士气。货：略也，指物质奖赏。二句义偏于后一句。下文曰"车战，得车十乘以上，赏其先得者"，所谓"赏"者云云，此"货"之事也，而与"怒"者无涉，可见"杀敌者怒也"乃连类而并举，其义实偏于后一句。

⑩ "车杂而乘之"二句　　车杂而乘之：此句承上"车战，得车……"而来，意谓俘获的战车与我战车同阵驾驭。古战车配备有定额的士卒，如《司马法》："一车，甲士三人，步卒七十二人。"（《孙子·作战》杜牧注引）所以"得车"的同时亦"得卒"。善：与"车杂"之"杂"不相应，而汉简本作"共"，合也，与"车杂"之"杂"同义。养：使也，与"乘"对举。《广雅·释诂一》："养，使也。""卒共而养之"，意谓俘获的士卒与我士卒同列役使。"车杂而乘之，卒共而养之"相对成文，"车、卒"，"杂、共"，"乘、养"，两两相偶，"善"当从汉简本作"共"。这两句承上文说兵甲、车辆"食于敌"。

　　《三略·上略》："归者招之，服者居之，降者脱之。"

⑪ "是谓胜敌而益强"句　　是谓：此为，这是。胜敌而益强：当时流行的军事成语，意谓取胜于敌以加强自己。此句引军事成语为"食于敌"作结。

【韵语】

　　"善用兵者，役不再籍，粮不三载；取用于国，因粮于敌，故军食可足也。"三句韵之（×○○）式：国，职部，不韵；敌、足，锡屋合韵。

　　"力屈中原，内虚于家，百姓之费，十去其七。"二句协韵：原、家，元鱼合韵。（《楚辞·大招》："二八接舞，投诗赋只。叩钟调磬，娱人乱只。"赋、乱，鱼元合韵。例见王力《楚辞韵读》，81页。）

　　"公家之费——破车罢马，甲胄矢弓（弩），戟楯矛橹，丘牛大车——十去其六。"四句一韵：马、弩、橹、车，鱼部。

　　"食敌一钟，当吾二十钟；萁秆一石，当吾二十石。"叠字韵：钟、钟，东部；石、石，铎部。

　　"故杀敌者，怒也；取敌之利者，货也。"二句协韵：怒、货，鱼歌合韵。

　　"车战，得车十乘以上，赏其先得者，而更其旌旗；车杂而乘之，卒善（共）而养之，是谓胜敌而益强。"三句韵之（○○○）式：乘、养、强，蒸阳阳合韵。

【译文】

　　善用兵的将帅，兵员不作两次征集，军粮不作三次运输；兵甲战具取于国内，军粮则在敌国就地补给，所以军粮供应可以满足。国家贫困于征伐的原因是远途运输军粮，远途运输军粮就会使百姓贫困。远师之军所在地物价上涨，物价上涨就会使国库枯竭，国库枯竭就加重赋税，（加重赋税百姓就贫困。）远输则力尽于原野，家产内虚，百姓的资财耗去十分之七；远师则损毁了战车、盔甲、弓箭、戟盾、蔽橹、辎重车，累死了拉车的马和牛，公家的资财耗去十分之六。所以明智之将务必从敌方获取给养。食敌粮食一钟，可抵消我运输二十钟的消耗；取敌萁秆一石，可抵消我运输二十石的消耗。冲锋杀敌，凭的是激励士气；缴获财物，靠的是财物奖赏。车战之中，凡缴获战车十辆以上，奖赏先缴获者，更换车上的旗帜；俘获的战车与我战车同阵驾驭，俘获的士卒与我士卒同列役使，这便是"胜敌而益强"。

<h1 style="text-align:center">三</h1>

【原文】

　　故兵贵胜，不贵久。① 故知兵之将，民之司命，国家安危之主也。②

【句解】

　　① "故兵贵胜"二句　　故：犹"夫"。贵：重，崇尚。胜：克敌也，战胜敌人，与上文"其用战也胜"之"胜"相应。饭要一口一口地吃，仗要一仗一仗地打。战胜敌人，解救国之危难，是小胜，而积小胜可获得大胜，这在列国争霸复杂形势下是一种明智之举，故曰"兵贵胜"——用兵贵在达到战胜敌人的目的。久：指用兵持久不决，与上文"久则钝兵挫锐"之"久"相应。用兵持久者为眼前小利而以长期之战求全面之胜，过度消耗国力军力，而忽视"螳螂捕蝉，黄雀在后"的危险，故曰"不贵久"。（参考刘长林《中国系统思维》，240、241页。）这两句是全篇的结论。结论偏重于"不贵久"，《十一家注》曹操曰："久则不利。兵犹火也，不戢将自焚也。"曹注最为确当。

　　　　《管子·幼官》："数战则士疲，数胜则君骄；骄君使疲民则国危。至善不战，其次一之。大胜者，积众胜无非义者焉，可以为大胜。大胜无不胜也。"

　　　　《庄子·秋水》："风曰：'然。予蓬蓬然起于北海而入于南海也，然而指我则胜我，鰌我亦胜我。虽然，夫折大木，蜚大屋者，唯我能也，故以众小不胜为大胜也。为大胜者，唯圣人能之。'"

　　　　《吴子·图国》："天下战国，五胜者祸，四胜者弊，三胜者霸，二胜者王，一胜者帝。是以数胜得天下者稀，以亡者众。"

　　② "故知兵之将"三句　　知兵：了解战争，此指了解"贵胜不贵久"用兵之理。司命：掌管人命生死的神。主：主宰。"所谓民命者，非止三军之命也。十万之军兴，则七十万家之民不得事农亩，而七十万家之命皆其所司矣。又不但此

七十万民之家已也，国贫于转输，财竭于贵卖，赋急于丘役，私家公家，并受其敝，其屈力殚货又可知矣。"（李贽《孙子参同》）知此理之将为"民之司命、国家安危之主"云云，盖强调"贵胜不贵久"之理系乎国家人民之荣辱存亡，为将者不可忽视此用兵之理也。

《长短经·出兵》："夫将者，国之辅也，人之司命也。故曰，将不知兵，以其主与敌也；君不择将，以其国与敌也。"

【韵语】

"故兵贵胜，不贵久。"二句协韵：胜、久，蒸之通韵。

【译文】

用兵以达到战胜敌人的目的为贵，不以持久不决为贵。因此懂得用兵速久利害之理的将帅，是民众生死的司命神，国家安危的主宰者。

谋攻第三

　　"谋攻"，谋划攻战的策略。孙子认为大至一国，小至一伍，谋划攻战的策略都要择优汰劣，即选择全胜策略，力求以非军事力量去解决军事斗争中的问题。因而，全胜原则是一切战略的最高原则。善用兵者完全用全胜之策争胜于天下，能够做到兵器不钝缺而获得完全的胜利，这便是"谋攻"之法。全胜战略的实现，要掌握基本的作战艺术。一、根据敌我兵力的对比而采取不同的作战策略，以保证自己的军队能自保以全胜。二、将帅与君主同心协力谋划攻战的策略，使自己的司令部更精明有力地施行全胜之策。三、知彼知己，预知敌我胜负的前景，可战则战，不可战则不战，使我常胜而不败。这是《谋攻》篇的梗概。

　　孙子全胜战略的出现具有一定的历史文化背景。一、中华民族的始祖以农立国，如周族的祖先后稷、公刘、古公亶父，致力于农耕、发挥土地的功能，财富的创造主要是通过人与土地的结合来实现的，因而向往安定的社会秩序。二、周天子为着巩固建立在封建体制上的政权，平时与战时以军事、政治、经济、外交为手段交替地笼络诸侯，因而西周王朝的历史，留下了丰富的军事与政治、经济、外交相融合的治理国家的宝贵经验。三、春秋时代战乱频仍，不好战的战争观趋于成熟。据《左传·宣公十二年》记载，楚军在邲之役大败晋军之后，楚庄王告诫臣下说，用兵的目的应该是禁止强暴、消弭战争、保持强大、巩固功业、安定百姓、调和大众、丰富财物，这表明春秋中期的政治军事家对战争的目的有了极其理智的认识。四、先秦时人对自然科学、医学、哲学等重大问题的思考，已经形成一种具有东方特色的以整体性为基点的思维方式。孙子全胜战略的提出，是对中华民族战略文化传统创造性的继承和发展，是中国古代战略学发展史上的一个重要的里程碑。

一

【原文】

　　孙子曰：夫用兵之法，全国为上，破国次之；全军为上，破军次之；全旅为上，破旅次之；全卒为上，破卒次之；全伍为上，破伍次之。① 是故百战百胜,非善之善者也;不战而屈人之兵,善之善者也。②

故上兵伐谋,其次伐交,其次伐兵,其下攻城。③ 攻城之法,为不得已。④ 修橹轒辒,具器械,三月而后成;距堙,又三月而后已。⑤ 将不胜其忿而蚁附之,杀士卒三分之一,而城不拔者,此攻之灾也。⑥ 故善用兵者,屈人之兵而非战也,拔人之城而非攻也,毁人之国而非久也,必以全争于天下,故兵不顿而利可全,此谋攻之法也。⑦

【句解】

①“夫用兵之法”十一句　　全:完整,“全国”,使敌国完整屈服。为上:是上策。破:击破。次之:比……差。所谓全为上、破为次,是希望用非军事力量迫使对方完整屈服,不得已才用武力击破对方,这是孙子理想性的全胜策略。军、旅、卒、伍:古代军队的编制单位,一万二千五百人为军,五百人为旅,百人为卒,五人为伍。这里以五组排比句说明“全为上、破为次”,是要强调大至一国小至一伍,谋划攻战的策略都要择优汰劣,即选择全胜策略,以全胜原则为一切战略的最高原则。孙子认为军事是与政治、经济、外交等相统一的一个整体,如果以非军事力量去解决军事斗争中的问题,代价小而成效大,将更有效保障国家的总体利益。这种以整体性为基点的思维方式,与周秦时人对世界的起源、医学、哲学等重大问题进行思考所使用的思维方式是相一致的。

八卦学说用天、地、山、泽、雷、风、水、火来说明万物的化生,即认为它们是世界的本原,整个世界的存在也离不开它们;本原相同,世界万物是一个整体。

阴阳学说强调阴与阳的整体平衡是万物正常存在和发展的必要条件;阴阳相辅相成,万物也是相互依存的。

中医学说强调生命机体的整体平衡和调节是抗衡各种疾病、保障人体健康的关键所在。所以防病治病的根本措施,是平衡和调节生命机体的整体。

先秦诸子的哲学思想以“全”为至高、至大、无限,以之为“美”,以之为“善”。如:一、《庄子·天地》:“执道者德全,德全者形全,形全者神全。神全者,圣人之道也。”二、《庄子·达生》:“夫醉者之坠车,虽疾不死。骨节与人同而犯害与人异,其神全也(由于他精神凝聚而不消散),乘亦不知也,坠亦不知也,死生惊惧不入乎其胸中,是故迕物而不慴。”三、《荀子·劝学》:“君子知夫不全不粹之不足以为美也”,“天见其明,地见其光,君子贵其全也”。四、《吕氏春秋·贵生》引子华子曰:“全生为上,亏生次之,死次之,迫生为下。”

②“是故百战百胜”四句　　百战百胜:每战必胜,战无不胜。善之善:好中

最好。即使每战每胜,也不能算是好中最好,因为一使用武力则"破",双方都遭受损失,在敌国林立环境之中,陷于破而不全的境地极其不利。不战:不使用武力,是说采用非军事行动。"不战而屈人之兵",是说平时能以德服人、以义和人、以谋胜人、以势制人,故未战而屈人之兵。如是,则国家的总体利益在政治、经济、军事、外交等方面都完整而无任何损毁,所以说不战而屈人之兵是好中最好的。四句为上文"全为上、破为次"作结,而由于精确界定了"全胜"思想的内涵及其战略价值,这四句便成为中外古今兵家之最高追求。

《管子·兵法》:"故至善不战,其次一之。"

《老子》六十八章:"善胜敌者不与。"

《六韬·军势》:"故善战者,不待张军;善除患者,理于未生;善胜敌者,胜于无形;上战无与战。故争胜于白刃之前者,非良将也;设备于已失之后者,非上圣也;智与众同,非国师也;技与众同,非国工也。"

《淮南子·兵略训》:"修政于境内而远方慕其德,制胜于未战而诸侯服其威,内政治也。""故得道之兵,车不发轫,骑不被鞍,鼓不振尘,旗不解卷,甲不离矢,刃不尝血;朝不易位,贾不去肆,农不离野;招义而责之,大国必朝,小城必下。"

③"故上兵伐谋"四句　　上兵:用兵上策。伐谋:挫败敌人的战略计谋。伐交:打乱敌人的外交活动。但仍承认敌方拥有主权,未能使之屈服,故次于伐谋。伐兵:击败敌人的军队。如是,则无攻城之害。攻城:人为主,我为客,在坚城之下全无回旋余地,亡失必多,故为下策。孙子认为在谋划攻战的策略之时,审时度势可选择使用这四种不同的取胜手段。

④"攻城之法"二句　　攻城是下策,故曰"不得已"。但"不得已"之时,城亦得攻,只是要破中求全。

⑤"修橹轒辒"五句　　橹:大盾。轒辒:攻城用的四轮车。距堙:用于攻城而堆积的土山,此名词用作动词,意思是修筑攻城用的土山。

⑥"将不胜其忿"四句　　胜:堪。"不胜",抑制不住。蚁附:又作"蛾傅",见《墨子·备蛾傅》篇。原是古代一种攻城之法,驱赶士卒像蚁一样缘城墙而上与守敌搏斗,这里名词用如动词,用蚁附之法攻城的意思。《孙膑兵法·擒庞涓》"直将蚁傅平陵"的"蚁傅",也是用蚁附之法攻城的意思。杀:死也,死去。灾:害,指费时日、耗财力。四句说攻城之害,与伐谋之利作对比。

⑦"故善用兵者"七句　　非战:不用交战,以"全"屈敌之故。非攻:不用强攻,以"全"取之之故。非久:不须持久作战,以"全"毁其国之故。以全胜之策用兵,不战也一样能屈人之兵、拔人之城、毁人之国。必:同"毕",《兵势》"可使必受敌而无败者",汉简本"必"作"毕"是其例,完全的意思。全:指全胜之策。争天

下:"屈人之兵"、"拔人之城"、"毁人之国"即是"争天下"。兵不顿:兵刃不缺。利:胜利。全:完全。"利可全",获得完全的胜利。"兵不顿而利可全"意谓以尽量少的损失换取了尽量大的战果。善用兵者不战而屈人之兵、拔人之城、毁人之国,完全用全胜之策取胜于天下,是以兵刃不缺而获得完全的胜利,这就是"谋攻"之法。七句为"谋攻"之法作总结。

《逸周书·柔武》:"胜国若化,不动金鼓,善战不斗,故曰柔武。四方无拂,奄有天下。"

《穀梁传·庄公八年》:"善为国者不师,善师者不陈,善陈者不战,善战者不死,善死者不亡。"

李泽厚《孙老韩合说》:"重筹划更重于作战本身,重政治更重于军事,重智谋更重于拼力量,重人事更重于天地鬼神,……以《孙子兵法》为代表的这种兵家思想已成为后世中国的思想传统。"(《中国古代思想史论》)

【韵语】

"夫用兵之法,全国为上,破国次之;全军为上,破军次之;全旅为上,破旅次之;全卒为上,破卒次之;全伍为上,破伍次之。"五句句中互韵:五"上"叠字韵,阳部;五"次"叠字韵,脂部。

"是故百战百胜,非善之善者也;不战而屈人之兵,善之善者也。"句中互韵:善、善,元部;胜、兵,蒸阳合韵。

"屈人之兵而非战也,拔人之城而非攻也,毁人之国而非久也。"三句以句内自韵的韵式协韵:兵、战,阳元合韵;城、攻,耕东合韵;国、久,职之通韵。一句两个韵位,则强调上半句与下半句内容的必然联系;三句用韵各异,则显示三句内容平列;三句韵式一致,则又显示三句为一个语组,都是全胜之策的妙着。

【译文】

孙子说:用兵作战的原则,使敌方一国完整屈服是上策,击破而使之屈服就差一等;使敌方一军完整降服是上策,击破而使之降服就差一等;使敌方一旅完整降服是上策,击破而使之降服就差一等;使敌方一卒完整降服是上策,击破而使之降服就差一等;使敌方一伍完整降服是上策,击破而使之降服就差一等。所以每战每胜,不是好中最好的;不动武而使敌方屈服,才是好中最好的。

用兵上策是挫败敌人的战略计谋,其次是打乱敌人的外交活动,再次是击败敌人的军队,最下策是围攻敌城。围攻敌城,是不得已才采取的战法。修造大盾、轒辒,具备器械,费三个月功夫才完成;修筑距堙,又费三个月功夫才完成。将帅抑制不住自己的忿恨情绪,驱赶士卒用蚁附之法攻城,死去士卒三分之一而城还攻不下,这便是攻城战法的害处。善用兵的将帅,屈人之兵而不用交战,拔人之城而不用强攻,毁人之国而无须久战,完全靠全胜之策获胜于天下,因而兵刃不缺而可赢得完全的胜利,这便是"谋攻"之法。

二

【原文】

　　用兵之法,十则围之,五则攻之,倍则分之,敌则能战之,少则能逃之,不若则能避之。① 故小敌之坚,大敌之擒也。②

【句解】

　　① "用兵之法"七句　　十:十倍于敌。五:五倍于敌。倍:二倍于敌。分:诱之分兵而变虚。敌:匹也,谓敌我相当。战:读如《九地》"死地则战"之"战",殊死战斗。逃:伏也,隐匿潜伏,以伺机复出。不若:不如,谓天时地利、士气、装备等不如敌方。避:去也,谓离去不战,保存实力。十、五、倍、敌、少、不若,由强而弱,前三句与后三句,分别为优势时与非优势时的用兵之法。优势之时,集中兵力,以多胜少;非优势时,避实击虚,待机而动。孙子认为根据不同条件灵活配置兵力,然后能获取全胜。

　　② "故小敌之坚"二句　　小敌:弱小的对手。坚:强(僵),不量力而硬拼。二句独承"逃之"、"避之"作结,其结论是:掌握用兵的量力性原则,始能操全胜之策。孙子总结的经验,前有所承,后有所继。

　　　　《左传·僖公七年》:"既不能强,又不能弱,所以毙也。"

　　　　《周易·师卦·象》:"'左次无咎',未失常也('撤退暂守免遭咎害',说明用兵不失常法)。"

　　　　《老子》七十六章:"坚强者死之徒,柔弱者生之徒。是以兵强则灭,木强则折。坚强处下,柔弱处上。"

　　　　《孙膑兵法·威王问》:"威王曰:'敌众我寡,敌强我弱,用之奈何?'孙子曰:'命曰让威。'"

　　　　曹植《请招降江东表》:"善战者不羞走。"

　　　　《三十六计·第三十六计走为上》按:"敌势全胜,我不能战,则必降、必和、必走。降则全败,和则半败,走则未败。未败者,胜之转机也。"

【韵语】

"用兵之法,十则围之,五则攻之,倍则分之,敌则能战之,少则能逃之,不若则能避之。"虚词韵、叠字韵:六"之"韵,之部。

"故小敌之坚,大敌之擒也。"二句协韵:坚、擒,真侵合韵。(《诗·大雅·文王》:"命之不易,无遏尔躬。宣昭义问,有虞殷自天。"侵真合韵,例见王力《诗经韵读》,334 页。)

【译文】

用兵之法,十倍于敌就包围它,五倍于敌就攻击它,二倍于敌就诱它分散兵力,敌我相当就殊死战斗,兵力少于敌人就隐匿潜伏,实力不如敌人就避开不战。所以说,弱小的对手而又硬拼,便是强大对手的擒获物。

三

【原文】

夫将者,国之辅也;辅周则国必强,辅隙则国必弱。① 故君之所以患于军者三:② 不知军之不可以进而谓之进,不知军之不可以退而谓之退,是谓"縻军"。③ 不知三军之事而同三军之政,则军士惑矣。④ 不知三军之权而同三军之任,则军士疑矣。⑤ 三军既惑且疑,则诸侯之难至矣,是谓"乱军引胜"。⑥

【句解】

① "夫将者"四句　辅:车两旁的箱板,与车体相互依存、不可分离,成语"车辅相依"说的正是这个道理。"将者国之辅也",以辅喻将,则以车喻国。周:周密,本指与车体结合周密,其喻意是与国家同心同德;为将者同心同德则国必强,故曰"辅周则国必强"。隙:有嫌隙,对国家"内怀其贰"(《十一家注》贾林注语)。为将者内怀其贰则国必弱,故曰"辅隙则国必弱"。赵本学《孙子校解引类》曰:"欲为将者,必守全争之策,毋因君命而苟从。"赵说极是。这四句说将帅尽心国事,才有施行全胜之策的可能。

《淮南子·兵略训》:"故四马不调,造父不能以致远;弓矢不调,羿不能以必中;君臣乖心,则孙子不能以应敌。"

②"君之患于军"句　　患：害也。"患于军"，谓干预将军职权而为害军队。赵本学《孙子校解引类》曰："欲为君者必听持重之言，毋求必胜而中御之也。"赵说极是。以下说君主不"患于军"，才有施行全胜之策的可能。

《左传·襄公十九年》：正义引曰："《司马法》曰：'阃外之事，将军裁之。'"

《荀子·议兵》："权出一者强，权出二者弱。"

③"不知军之不可以进"三句　　不知：不了解、不通晓。谓：命也。縻：绊、系。三军进退不得自由，如缚手足，故谓之"縻军"。"縻军"，是当时常语。《三略·中略》："出军行师，将在自专。进退内御，则功难成。"其此之谓也。

④"不知三军之事"二句　　三军：上、中、下军，此泛指军队。事：事务，如曲制、号令、赏罚等。同：掺和、干预。政：权也，指管理。军士：将吏、士卒。惑：迷惑。《黄帝四经·经法·亡论》："从中令外[谓之]惑；从外令中谓之[贼]。"军令受君主干扰，号令赏罚前后矛盾，则军士迷惑不解。

《三略·下略》："众惑无治民。"

⑤"不知三军之权"二句　　权：权变之道。任：任务，指战斗任务。疑：疑惧。"兵者诡道也"，不知机宜权变而干预三军的战斗任务，祸败必至，故将士疑惧。

《草庐经略·战权》："阃外之事，敌情变态不测，机权伸缩如神，固非浅识者能谋，亦岂千里之外所能遥断耶！"

《六韬·军势》："用兵之害，犹豫最大；三军之灾，莫过狐疑。善战者，见利不失，遇时不疑；失利后时，反受其殃。"

⑥"三军既惑且疑"三句　　乱军：自乱军旅，此承"三军既惑且疑"句说。引胜："引诸侯胜己"（《十一家注》王皙注语），此承"诸侯之难至矣"句说。"乱军引胜"，意思是自乱军旅而引敌胜己，是当时常语。孙子引常语为君侵将权之害作结。

《李卫公问对》卷上："'乱军引胜'者，言己自溃败，非敌胜之也。"

【译文】

将帅与国家的关系如辅与车。将帅同心同德国家就强盛，将帅离心离德国家就衰弱。君主干预将帅职权而为害于军队的情况有三：不了解军队之不该进而令之进，不了解军队之不该退而令之退，这是"捆缚将士手足"；不熟悉三军曲制、号令、赏罚之事而干预三军的政令，将士就迷惑了；不明白三军权变之道而干预三军的战斗任务,将士就疑惧了。三军既迷惑又疑惧,诸侯入侵的灾难就来了,这是"自乱其军而引敌胜己"。

四

【原文】

　　故知胜有五:①知可以与战、不可以与战者胜,②识众寡之用者胜,③上下同欲者胜,④以虞待不虞者胜,⑤将能而君不御者胜。⑥此五者,知胜之道也。故曰:知彼知己,百战不殆;⑦不知彼而知己,一胜一负;⑧不知彼不知己,每战必败。⑨

【句解】

　　①"故知胜有五"句　　知胜:预知胜负;对敌我的情势经过详密的比较、准确的判断,做到知彼知己,心中有数,也就可以预知敌我胜负的结局。

　　　　《孙膑兵法·陈忌问垒》:"先知胜不胜之谓知道。"

　　　　《孙膑兵法·篡卒》:"孙子曰:恒胜有五:得主专制,胜。知道,胜。得众,胜。左右和,胜。量敌计险,胜。孙子曰:恒不胜有五:御将,不胜。不知道,不胜。乖将,不胜。不用间,不胜。不得众,不胜。"

　　　　《诸葛亮集·心书·将善》:"将有五善:所谓善知敌之形势,善知进退之道,善知国之虚实,善知天时人事,善知山川险阻。"

　　②"知可以与战"句　　与战:对阵交战。十一家本作"可以战",无"与"字。对战场上敌我形势——强弱、治乱、劳逸、勇怯、曲直、长短等了如指掌,知道什么情况下可以对阵交战、什么情况下不可以对阵交战的,能获胜。

　　　　《孙膑兵法·八阵》:"上知天之道,下知地之理,内得其民之心,外知敌之情,阵则知八阵之经,见胜而战,弗见而诤,此王者之将也。"

　　③"识众寡之用"句　　句谓能以量力性原则运用兵力,懂得根据兵力的多少而采用不同战法的,能获胜。

　　　　《孙子·谋攻》:"故用兵之法,十则围之,五则攻之,倍则分之,敌则能战之,少则能逃之,不若则能避之。故小敌之坚,大敌之擒也。"

　　④"上下同欲"句　　上下同欲:上下一心,是说君臣和同、三军同力。上下一心然后能胜敌,是古兵家所重视的信条。

《左传·桓公十一年》：楚斗廉曰："师克在和，不在众。"又，《定公五年》楚斗辛曰："吾闻之：'不让，则不和；不和，不可以远征。'"

《孙膑兵法·篡卒》："得众，胜。左右和，胜。"

《淮南子·兵略训》："千人同心，则得千人力；万人异心，则无一人之用。将卒吏民，动静如身，乃可以应敌合战。"

《草庐经略·贵和》："《吴子》曰：'不和于国，不可以出军；不和于军，不可以出阵；不和于阵，不可以进战；不和于战，不可以决胜。'信乎师克在和也。三军既和，上下一心，贵贱同力，胜则相让以归功，败则各引以为过。投之所往，如臂之使指，可合而不可离，是谓父子之兵也。"

⑤"以虞待不虞"句　　虞：准备，防范。待：对付。有备者，见祸福于未形，因而能避实击虚，故曰"以虞待不虞者胜"。以虞待不虞，是古兵家所重视的信条。

《左传·隐公五年》："君子曰：'不备不虞，不可以师。'"又，《文公六年》："文子曰：'备预不虞，古之善教也。'"

《国语·晋语一》："诚莫如预。"

《逸周书·王佩解》："不困在豫慎，见祸在未形。"

《周易·需卦·象》："'需于泥'，灾在外也。自我'致寇'，敬慎不败。"

《孙膑兵法·威王问》："用兵无备者伤。"又，《兵失》："兵不能见福祸于未形，不知备者也。"

《文子·微明》："同日被霜，蔽者不伤；愚者有备，与智者同功。"

《虎钤经·三才随用》："善用兵者，防乱于未乱，备急于未急。"

⑥"将能而君不御"句　　能：有能耐。御：制也，牵制。"将能而君不御者胜"，犹言君之善将将者胜。

《六韬·立将》："军中之事，不闻君命，皆由将出，临敌决战，无有二心。若此，则无天于上，无地于下，无敌于前，无君于后。是故智者为之谋，勇者为之斗，气厉青云，疾若驰骛，兵不接刃，而敌降服。"

《草庐经略·战权》："将之善将兵，亦缘君之善将将矣。"

李贽《孙子参同》："夫惟不御，始谓善御。"

⑦"知彼知己"二句　　殆：危。不殆，不至于有失败的危险。

《老子》三十三章："知人者智，自知者明。"

《李卫公问对》卷下：唐太宗曰，"知彼知己，兵家大要"。

⑧"不知彼而知己"二句　　一：或者。

⑨"不知彼不知己"二句　　"每战必败"之"败"不协韵，恐是后人所改，当依

十一家本作"殆",即"每战必殆"。不知彼又不知己,如"盲人骑瞎马、夜半临深池"(《世说新语·排调》),必有失败的危险,故曰"每战必殆"。孙子在思想方法中非常重视求知,诚如钮先钟所说:"'知'字就是《孙子》全书的'核','知彼,知己,知天,知地'也就代表永恒的教训。"(《孙子三论》,182页)

【韵语】

"故知胜有五:知可以与战不可以与战者胜,识众寡之用者胜,上下同欲者胜,以虞待不虞者胜,将能而君不御者胜。"叠字韵:五"胜"以蒸部协韵。

"故曰:知彼知己,百战不殆;不知彼而知己,一胜一负;不知彼不知己,每战必败(殆)。"六句一韵:己、殆、己、负、己、殆,之部。

【译文】

预知胜负的情况有五种:知道什么情况下可对阵交战、什么情况下不可对阵交战的,能获胜;懂得根据兵力的多少而采取不同战法的,能获胜;全国全军上下同心的,能获胜;有备之军对无备之军作战,能获胜;将帅有能耐而君主不牵制的,能获胜。这五条,是预知胜负的途径。所以说:了解敌人又了解自己,每战不会有失败的危险;彼与己只了解其一,或胜或不胜;彼与己全不了解,每战必有失败的危险。

军形第四

"形"，犹"部署"。"军形"，兵力部署。如何部署兵力以克敌制胜？本篇开篇说："昔之善战者，先为不可胜，以待敌之可胜。"孙子首先把兵力部署的战略目标锁定在兵力"自保"上，这种辩证的思想是贯串全篇的。自保兵力才能作出有效的部署，在有效的部署之中自保兵力，才能获取全胜。这就是"自保以全胜"。本篇的主题是论说如何在部署之中自保兵力。

第一段以战争中"敌我相对行动"的规律来论说求胜于己是"自保"的必由之路，亦即通过自己正确的部署以达到"自保"的目的。第二、三段是兵力部署的例证。第二段是以"量力而后动"为原则的兵力部署；第三段是以"计胜而后战"为原则的兵力部署。"量力而后动"、"计胜而后战"，都是"先为不可胜，以待敌之可胜"军事思想的延伸，都以"求胜于己"为行动准则，因而在实战中能够胜于易胜、胜于必胜，自自然然达到兵力"自保"的战略目标。

"富国以强兵"是君道，"自保以全胜"是将道。要是国力没有一定基础则无"自保"之可言；要是忽视"自保"，则将帅手中的"军事实力"必将沦为赉敌之资，"富国以强兵"的成果必付诸东流。"将者国之辅也"，兵法之中强调将之道正是要维护君之道。

一

【原文】

孙子曰：昔之善战者，先为不可胜，以待敌之可胜。① 不可胜在己，可胜在敌。② 故善战者，能为不可胜，不能使敌之必可胜。③ 故曰：胜可知，而不可为。④

【句解】

① "昔之善战者"三句　茅元仪《兵诀评》曰："先为敌人不可胜我之形，以待敌人可胜之形而乘之。"三句的意思是，过去善于指挥作战的将帅，总是首先部署好自己的兵力，使自己不致被敌人所战胜，然后等待敌方的兵力部署出现可乘

之隙而打败他。这是一种辩证的军事思想,可引申出一系列行之有效的作战方法和原则:求胜于己,量力而后动,计胜而后战,爱惜实力,先立于不败之地,等等。这是古兵家的"万应验方"。

《汉书·赵充国传》:"充国上状曰:'臣闻帝王之兵,以全取胜,是以贵谋而贱战。战而百胜,非善之善者也,故先为不可胜以待敌之可胜。……'"

②"不可胜在己"二句　　不可胜在己:不被敌人战胜的主动权操在自己手中。可胜在敌:能否战胜敌人则取决于敌人是否有可乘之隙。我之"自我"努力敌方直接干预不了,敌方的"自我"努力我也直接干预不了,这就是战争中"敌我相对行动"的规律。(参考钮先钟《孙子三论》,39页)二句承上文分析,这一条战争规律,正是昔之善战者的军事思想的理论依据。

《吕氏春秋·决胜》:"凡兵之胜,敌之失也。"

《李卫公问对》卷下:"大凡用兵,若敌人不误,则我安能克哉?"

③"故善战者"三句　　能为不可胜:能做到使自己不可被战胜。由于"不可胜在己",故"能为"。不能使敌之必可胜:不能使敌人必定为己所战胜。由于"可胜在敌",故"不能使"。这三句承上文分析,善战者也只能按昔之善战者的军事思想行事——求胜于己。

④"故曰"三句　　胜可知:"胜"可以知道在何种条件下即可获得。而不可为:但不能创造出一个"胜"来。由于敌与我都在"求胜于己",但不能直接干预对方,所以说"胜可知,而不可为"。三句为本段结语,言外之意说,"胜"在敌我之间徘徊,只有自胜自强者确保"自保",才可以获"胜"。自胜、自强,是一种智慧,是一种精神,是一条人生信条,也是一条用兵法则。

《诗·大雅·文王》:"无念尔祖,聿修厥德。永言配命,自求多福。"

《周易·乾卦·上九》:"《象》曰:天行健,君子以自强不息。"

《左传·僖公二十年》:"善败由己,而由人乎哉?"又《襄公二十三年》:"祸福无门,唯人所召。"

《论语·卫灵公》:"子曰:君子求诸己,小人求诸人。"

《老子》三十三章:"胜人者有力,自胜者强。"

《吕氏春秋·决胜》:"夫兵,贵不可胜。不可胜在己,可胜在彼。圣人必在己者,不必在彼者,故执不可胜之术以遇不胜之敌,若此,则兵无失矣。"

《淮南子·兵略训》:"盖闻善用兵者,必先修诸己,而后求诸人;先为不可胜,而后求胜。修己于人,求胜于敌,己未能治也,而攻人之乱,是犹以火救火,以水应水也,何所能制!"

【译文】

孙子说：从前善于指挥作战的将帅，总是首先部署好自己的兵力，使自己不被敌人所战胜，然后等待敌方兵力的部署出现可乘之隙而打败他。（这是由于）不被敌人战胜的主动权操在自己手中，而能否战胜敌人则取决于敌人是否有可乘之隙。所以善于指挥作战的将帅，能做到使自己不可被战胜（故求胜于己），却不能使敌人必定为己所战胜（故不求胜于敌）。所以说："胜"可以知道在何种条件下可获得，但不能创造出一个"胜"来。

二

【原文】

不可胜者，守也；可胜者，攻也。①守则不足，攻则有余。②善守者藏于九地之下，善攻者动于九天之上，故能自保而全胜也。③见胜不过众人之所知，非善之善者也；战胜而天下曰善，非善之善者也。④故举秋毫不为多力，见日月不为明目，闻雷霆不为聪耳。⑤古之所谓善战者，胜于易胜者也。⑥故善战者之胜也，无智名，无勇功，故其战胜不忒⑦——不忒者，其所措胜，胜已败者也。⑧

【句解】

①"不可胜者"二句　守：我兵力部署为"守"。敌未可胜之时我兵力部署为"守"，敌可胜之时我兵力部署为"攻"，这就是"先为不可胜，以待敌之可胜"。这两句从敌方的强弱来说明我兵力部署的原因（必要）。

《李卫公问对》卷下："《孙子》云：'不可胜者，守也；可胜者，攻也。'谓敌未可胜，则我且自守，待敌可胜，则攻之尔。非以强弱为辞也。"

②"守则不足"二句　不足：我兵力不足。我部署为"守"是由于兵力不足，我部署为"攻"是由于兵力有余。这两句从我方强弱来说明我兵力部署的原因（必要）。连上两句说，这就是以"量力而后动"为原则的兵力部署。"量力而后动"是周秦兵家很重视的一种用兵原则。

《左传·宣公十二年》：随武子曰："见可而进，知难而退，军之善政也。"

《左传·僖公二十年》："随以汉东诸侯叛楚。冬，楚斗谷於菟帅师伐随，取成而还。""君子"认为"随之见伐，不量力也。量力而动，其过鲜矣。"

《黄帝四经·经法·君正》:"以有余守,不可拔也。以不足功,反自伐也。"

《商君书·算地》:"凡世主之患,用兵者不量力,治草莱者不度地。"

③"善守者藏于九地之下"三句 善守者、善攻者:指兵力部署以"量力而后动"为原则的守者、攻者。藏:隐。九地:至深的地下。动:发作。九天:极高的天上。"藏于九地之下"、"动于九天之上"互文,以形象的语言形容"守"与"攻"都胜于无形、胜于易胜。这三句承上说兵力部署得有利就取得了"自保而全胜"的效应。以下文字,以激越之情反复赞扬与阐释这一效应。

《淮南子·兵略训》:"若从地出,若从天下,独出独入,莫能应御。""善守者无与御,而善战者无与斗。"

④"见胜不过众人之所知"四句 见:同"现",显露。"见胜",显露之胜,犹"有形之胜",与之相对的是"无形之胜"。不过:不外。知:认识。"见胜不过众人之所知",有形之胜不外是众所认识之胜。战胜:战而后获得之胜,是"难胜之胜",与之相对的是"易胜之胜"。"战胜而天下曰善",战而后获得之胜天下之人赞颂叫好。四句说有形之胜、难胜之胜不是好中最好之胜,言外之意是"善守者"、"善攻者",无形之胜、易胜之胜,才是高人一等、值得赞颂之胜。

⑤"故举秋毫"三句 故:犹"若"。为:算。多力:力多(大)。明目:目明,视力好。聪耳:耳聪,听觉好。这三句连用三个比喻喻说胜于有形、胜于难胜不足为奇,言外之意是胜于无形、胜于易胜才难能可贵。

《淮南子·兵略训》:"良将之所以必胜者,恒有不原之智,不道之道,难以众同也。"

⑥"古之所谓善战者"二句 胜于易胜者也:是在易于取胜的情况下取胜的。意思是善守者、善攻者不胜于战场,而胜于兵力部署之中,很自然很轻松。

《老子》六十二章:"图难于其易,为大于其细。天下难事,必作于易;天下大事,必作于细。是以圣人终不为大,故能成其大。"

《韩非子·喻老》:"千丈之隄,以蝼蚁之穴溃;百尺之室,以突隙之烟焚。故曰白圭之行隄也塞其穴,丈人之慎火也涂其隙。是以白圭无水难,丈人无火患。"

⑦"故善战者之胜也"四句 无智名、无勇功:胜于易而人不知,故无智之名;胜于易而非战,故无勇之功。汉简本"无智名"之上复有"无奇胜"三字,其意是胜于易而不显赫,故无独异之胜;汉简本作"无奇胜,无智名,无勇功"者,恐有所据。不忒:没有差错。这四句借"善战者"之名说善守者、善攻者的"易胜",虽不为人所看重,但必胜无疑。

《墨子·公输》：墨子裂裳裹足往楚救宋，"归，过宋，天雨，庇其闾中，守闾者不内也。故曰：'治于神者，众人不知其功；争于明者，众人知之。'"

《鹖冠子·世贤》：魏文侯谓扁鹊曰，"子昆弟三人，其孰最善为医？扁鹊曰：长兄最善，中兄次之，扁鹊最为下。魏文侯曰：可得闻耶？扁鹊曰：长兄于病视神，未有形而除之，故名不出于家。中兄治病，其在毫末，故名不出闾。若扁鹊者，镵血脉，投毒药，副肌肤间，而名出闻于诸侯"。

⑧"不忒者"三句　　不忒者：取胜无疑的原因。其所措胜：他取胜的措施；十一家注本"措"下有"必"字，作"其所措必胜"，亦通。胜已败者也：是取胜于已具败形之敌。兵力一经部署，我方总体上由不足变为有余，敌总体上由有余变为不足，我方以多胜少，是以必胜无疑。这三句文中自注，承上文补说"易胜"而必胜的原因。

《淮南子·兵略训》："当以生击死，以盛乘衰；以疾掩迟，以饱制饥；若以水灭火，若以汤沃雪——何往而不遂？何之而不达？"

【韵语】

"不可胜者，守也；可胜者，攻也。"二句协韵：守、攻，幽东合韵。(《楚辞·离骚》："曰勉升降以上下兮，求矩矱之所同。汤禹俨而求合兮，挚咎繇而能调。"同、调，东幽合韵。例见王力《楚辞韵读》，9页。)

"善守者藏于九地之下，善攻者动于九天之上，故能自保而全胜。"句中互韵：下、上，鱼阳通韵；藏、动，阳东合韵。又可读为句内自韵：藏、下，阳鱼通韵；动、上，东阳合韵。

"见胜不过众人之所知，非善之善者也；战胜而天下曰善，非善之善者也。"二句间韵：善、善，元部。

"故举秋毫不为多力，见日月不为明目，闻雷霆不为聪耳。"三句韵之(○×○)式：目，觉部，不韵；力、耳，职之通韵。

【译文】

敌未可胜之时，我兵力部署为"守"；敌可胜之时，我兵力部署为"攻"。我部署为"守"是由于兵力不足，我部署为"攻"是由于兵力有余。这就是以"量力而后动"为原则的兵力部署。善于量力而守的人如藏于至深的地下(胜于无形)，善于量力而攻的人如动于极高的天上(胜于易胜)，所以能保护自己而获得全胜。显露之胜(有形之胜)不外是一般人所认识之胜，不算是好中最好的；战而后获得之胜(难胜之胜)天下之人赞颂叫好，也不算是好中最好的。

这如同举起秋毫不算力大,看见日月不算目明,听见雷声不算耳灵一样(不足为奇)。古时候所谓的善于指挥作战的将帅,是在易于取胜的情况下取胜的。所以善于指挥作战的将帅取胜,无多智之誉,无勇猛之功,他的取胜是无差错的——取胜所以无差错,由于他取胜的措施,是取胜于已处于失败地位的敌人。

三

【原文】

故善战者,立于不败之地,而不失敌之败也。① 是故胜兵先胜而后求战,败兵先战而后求胜。② 善用兵者,修道而保法,故能为胜败之政。③ 兵法:一曰度,二曰量,三曰数,四曰称,五曰胜。地生度,度生量,量生数,数生称,称生胜。④ 故胜兵若以镒称铢,败兵若以铢称镒。⑤ 胜者之战,若决积水于千仞之谿者,形也。⑥

【句解】

① "故善战者"三句　　故:犹"夫",表议论的开始。立于不败之地:犹"先为不可胜"。失:放过。敌之败:敌人可乘之隙。先立于不败之地,然后不放过敌人可乘之隙,这就是以"计胜而后战"为原则的兵力部署。在这样的部署之下用兵打仗,不是"求胜"(胜已掌握在手中),只是"明胜"(表明争胜有了结局)。这就"胜于必胜",胜得自然而轻松。"计胜而后战"的用兵原则,周秦兵家是十分重视的。

《管子·七法》:"故凡攻伐之为道也,计必先定于内,然后兵出乎境。计未定于内而兵出乎境,是则战之自败,攻之自毁也。是故张军而不能战,围邑而不能攻,得地而不能实,三者见一焉,则可破毁也。故不明于敌人之政,不能加也;不明于敌人之情,不可约也;不明于敌人之将,不先军也;不明于敌人之士,不先陈也。是故以众击寡,以治击乱,以富击贫,以能击不能,以教卒、练士击驱众、白徒,故十战十胜,百战百胜。"

《孙膑兵法·[见威王]》:"兵非所乐也,而胜非所利也。事备而后动。故城小而守固者,有委也;卒寡而兵强者,有义也。"

《鹖冠子·天权》:"昔善战者,非以求胜,将以明胜。"

② "是故胜兵先胜而后求战"二句　　是故:因此。胜兵:打胜仗之兵。先

胜:"胜"已掌握在手。求战:与敌交战——不是"求胜",而是"明胜"。败兵:打败仗之兵。先战而后求胜:先与敌交战而后企求获胜。前者的部署遵循"计胜"的原则,其结果将"胜于必胜",故称"胜兵"。后者正相反,其结果将"败于必败",故称"败兵"。胜兵与败兵之不同,只在于得与不得"胜算"。

> 《吕氏春秋·期贤》:"君子之用兵,莫见其形,其功已成。野人之用兵也,鼓声则似雷,号呼则动地,尘气冲天,流矢如雨,扶伤舆死,履肠涉血,无罪之民其死者量乎泽矣,而国之存亡、主之死生犹不可知也。"

> 《草庐经略·将谋》:"凡为将,攻不必取,不苟出师;战不必胜,不苟接刃。夫必胜必取而后攻战者,即《孙子》所谓'胜兵先胜而后战',言先得胜算也。"

③"善用兵者"三句　　修:整治。道:方法,指治军的方法。平时整治治军的方法,从内部加强士卒的凝聚力、战斗力。保:遵循。法:法则,指攻守的法则。如以"量力而后动"为原则去部署兵力,即是遵循攻守的法则。遵循攻守的法则,就能胜于易胜、胜于必胜。政:同"正",主宰。"故能为胜败之政",因此能成为胜负的主宰。这三句说要能成为胜负的主宰,必先得"胜算"——"修道而保法"。

> 《荀子·议兵》:"故汤之放桀也,非其逐之鸣条之时也;武王之诛纣也,非以甲子之朝而后胜之也;皆前行素修也,此所谓仁义之兵也。"

④"兵法"以下十一句　　兵法:汉简本《形篇》(甲)、(乙)"兵法"皆作"法",无"兵"字;"法",指"安营布阵"(《十一家注》张预曰)的兵力部署之法。先对安营布阵之地的地形作全盘的了解("地生度"),根据地形的情况估计出兵力的容量("度生量"),根据兵力的容量估计出双方投入兵力的数量("量生数"),根据投入兵力的数量作出比较("数生称"),根据这种比较的结果即能预知谁"胜"("称生胜")。安营布阵所思考的五个步骤都是"计",目标都是"胜",所以《十一家注》何氏曰:"上五事,未战先计必胜之法。"孙子引述"法"只不过借"法"的内容来说一个道理:一切战地的兵力部署,都应以"计胜而后战"为原则。学者对"五事"有不尽相同的解释,这里就不赘述了。

⑤"故胜兵若以镒称铢"二句　　胜兵、败兵:承上文指得"胜算"者为胜兵,不得"胜算"者为败兵。镒、铢:古代重量单位,一镒为24两(一说20两),一两为24铢。称:用秤称。秤,如天平状,两物相称,轻重易见。"以镒称铢",胜兵对付败兵如以镒称铢,胜于必胜;"以铢称镒",败兵对付胜兵如以铢称镒,败于必败。这两句为上文作结,谓安营布阵得"胜算"者胜于必胜,不得"胜算"者败于必败。

⑥"胜者之战"三句　　胜者之战:汉简本作"称胜者战民也",承上"称生胜",于义为长,句谓得"胜算"一方的指挥士卒作战。决:掘开。积水:积蓄之

水,喻培蓄的兵力。谿:山涧。"千仞之谿",喻得当的部署。"若决积水于千仞之谿者",如从千仞高处掘开山涧的积水那样。这幅图像描绘的是"称胜者战民"的作战威力——部署得当,培蓄兵力,一旦出击,必获全胜。形:篇题"军形"之"形",兵力部署。"形也",意谓兵力部署也就是这样的。这三句是全段结语也是全篇结语。

《淮南子·兵略训》:"是故善用兵者,势如决积水于千仞之堤,若转员石于万丈之谿,天下见吾兵之必用也,则孰敢与我战者。故百人之必死也,贤于万人之必北也。"

【韵语】

"兵法:一曰度,二曰量,三曰数,四曰称,五曰胜。地生度,度生量,量生数,数生称,称生胜。"两组韵语的韵式相同,均采用二句合韵、三句韵之(×○○)式:度、量,铎阳通韵。数,屋部,不韵;称、胜,蒸部。

【译文】

善于指挥作战的将帅,首先使自己立于不败之地,然后才不放过敌人可乘之隙。这就是以"计胜而后战"为原则的兵力部署。因此,打胜仗的军队总是"胜"已掌握在手而后与敌交战;打败仗的军队总是先与敌交战而后企求获胜。善于用兵的将帅,平时整治治军的方法,遵循攻守的法则,因此能掌握胜败的主动权。安营布阵之法:一条是度,二条是量,三条是数,四条是称,五条是胜。先对安营布阵之地的地形作全盘的了解,根据地形的情况估计出兵力的容量,根据兵力的容量估计出双方投入兵力的数量,根据投入兵力的数量作出比较,根据比较的结果即能预知谁"胜"。所以得"胜算"的军队对付不得"胜算"的军队如以镒称铢,胜于必胜;不得"胜算"的军队对付得"胜算"的军队如以铢称镒,败于必败。得"胜算"一方的指挥士卒作战啊,如从千仞高处掘开山涧的积水那样——部署得当,培蓄兵力,一旦出击,必获全胜。这就是"兵力部署"!

兵势第五

"势"，大致有两种解释，一是"态势"，一是"策略"。本篇解题采用后一说。

"势"，意如《始计》"势者，因利而制权也"的"势"，是一种"因利而制权"的措施，古称之为权术、谋略，今称之为策略。"兵势"，用兵的策略。怎样的用兵策略才有利于克敌制胜？孙子强调奇正在用兵策略中具有重要作用，认为用兵策略应该与奇正结合起来。第一段，赞颂奇正具有确保不败与必胜的作战功能。第二段，奇正的基本观念和法则：以奇正为克敌制胜的方法和手段，对于一切"战"都适用。以奇正制胜，一则取决于将帅的军事经验，一则取决于遵循奇正制胜的客观规律。第三段，奇正之师应该具备强劲的战斗力和准确的调节能力。第四段，奇正之师随机应变可易于诱歼敌军。第五段，奇正之师因势利导可使平凡的士卒发挥出不平凡的战斗力。由于强调奇正在用兵策略中具有重要作用，所以本篇以"兵势"为篇题，而以"奇正"为主题。

孙子将奇正的心脏——"变化不穷"植入用兵策略，给用兵策略注入了个性、活力、中国战略文化传统的血液和永不衰竭的生命力。

一

【原文】

孙子曰：凡治众如治寡，分数是也。①斗众如斗寡，形名是也。②三军之众，可使必受敌而无败者，奇正是也。③兵之所加，如以碫投卵者，虚实是也。④

【句解】

①"治众如治寡"二句　　治：管理。众、寡：多数、少数。"治众如治寡"，管理大部队如同管理小部队一样。分数：指军队的组织编制。刘寅《武经七书直解》说："分，谓偏裨卒伍之分；数：谓十百千万之数，各有统制。"军队有一定的组织编制，分合兵力简便易行，有利于统率。这两句说组织编制合理，多少军队都能管理得好。

《六韬·奇兵》："不能分移，不可以语奇。"

《草庐经略·尚整》："韩信多多益善，止是分数之明。"

②"斗众如斗寡"二句　　斗：战斗。"斗众如斗寡"，指挥大部队战斗如同指挥小部队战斗一样。形、名：指看得见的旌旗、听得见的金鼓，这里指指挥方式、方法。这两句说指挥方法得当，多少军队去战斗都能指挥得好。

《管子·兵法》："三官：一曰鼓，鼓所以任也，所以起也，所以进也；二曰金，金所以坐也，所以退也，所以免也；三曰旗，旗所以立兵也，所以制兵也，所以偃兵也。此之谓三官。""三官不缪"，"则危危而无害，穷穷而无难。"

《孙子·军争》："《军政》曰：'言不相闻，故为之金鼓；视不相见，故为之旌旗。'夫金鼓旌旗者，所以一人之耳目也；人既专一，则勇者不得独进，怯者不得独退，此用众之法也。"

分数是否合理、形名是否明确，是奇正之师能否灵活使用军事力量的前提，所以未说奇正，先说分数、金鼓。

③"三军之众"三句　　必：同"毕"，皆也。汉简本"必"正作"毕"。"毕受敌而无败"，犹四面受敌而不败。奇正：古时兵法术语。古代作战以对阵交锋为正，设伏掩袭为奇。

《尉缭子·武议》："三军之众，有所奇正，则天下莫当其战矣。"

《尹文子·大道下》："老子曰：'以正治国，以奇用兵，以无事取天下。'政者，名法是也；以名法治国，万物所不能乱。奇者，权术是也；以权术用兵，万物所不能敌。"

《草庐经略·奇兵》："兵，险谋也。其所击之处，或缓或速，或分或合，或怯或进，或左或右，或前或后，或隐或显，或围或解，或动九天或藏九渊，因应投机，变故万端。大都愚弄敌人，伺隙而发，'攻其无备，出其不意'也。兵无奇不胜，故将非奇不战。"

④"兵之所加"三句　　加：侵凌，攻击的意思。破：石头。以石击卵，比喻易于攻克。虚实：避实击虚，指以奇正之术为手段，以正挡实，以奇击虚。

《李卫公问对》卷中："靖曰：'奇正者，所以致敌之虚实也。'""太宗曰：'以奇为正者，敌意其奇，则吾正击之；以正为奇者，敌意其正，则吾奇击之。使敌势常虚，我势常实。'"

《孙子参同·兵势》："势虽神妙，总不过奇正；奇正虽变，总不出虚实。"

【韵语】

"凡治众如治寡，分数是也。斗众如斗寡，形名是也。"是也、是也，以虚词叠字为韵。

"三军之众,可使必受敌而无败者,奇正是也。兵之所加,如以碫投卵者,虚实是也。"是也、是也,以虚词叠字为韵。

【译文】

孙子说:管理大部队如同管理小部队一样,是组织编制合理的结果。指挥大部队如同指挥小部队作战一样,是指挥得当的结果。全军将士,能使他们四面受敌而不败,是奇正变化不穷的结果。军队攻打之处,如同以石击卵那样易破,是以奇正之术避实而击虚的结果。

二

【原文】

凡战者,以正合,以奇胜。① 故善出奇者,无穷如天地,不竭如江海。② 终而复始,日月是也;死而更生,四时是也。③ 声不过五,五声之变不可胜听也;色不过五,五色之变不可胜观也;味不过五,五味之变不可胜尝也;战势不过奇正,奇正之变不可胜穷也。④ 奇正相生,如循环之无端,孰能穷之哉!⑤

【句解】

① "凡战者"三句　凡战者:大凡作战之法——总概战争、战役、战斗的一切战法。以正合:在正面与敌对阵交锋。以奇胜:从侧面设伏掩袭取胜。深谙奇正之道的将帅,一奇一正,彼消此长,彼长此消,灵活捕捉胜机,就能用力少而得功多,巧于获胜。奇正本是方阵队形变换的战术,但孙子看到奇正这两种势力互相制约,互相转化,由此推动"战"的变化与发展,是一切战法的根本规律。所以说,以奇正克敌制胜的方法和手段,对于一切"战"都适用。自此以下说奇正的基本观念和法则。

《淮南子·兵略训》:"奇正之相应,若水火金木之代为雌雄也。善用兵者,持五杀以应,故能全其胜;拙者处五死以贪,故动而为人擒。"

《诸葛亮集·便宜十六策·治军》:"兵以奇正为始。"

《李卫公问对》卷上:"善用兵者,无不正,无不奇,使敌莫测。故正胜,奇亦胜。"

钮先钟《孙子三论》:"'凡战者,以正合,以奇胜',是孙子所作成的一条定律(law),对于所有一切的'战'都适用。"

②"无穷如天地"二句　　善出奇者:出奇的方法层出不穷,如天地运行不止,如江河奔流不息。"不竭如江海"之"海",之部,不韵;《十一家注》本作"河",协韵,可从。

《武经汇解·兵势·题矩》:"善出奇,只在奇上讲无穷。不践前辙,不蹈往迹,在自心上创造新样,人所未见未闻,便是'善出'。"

③"终而复始"四句　　日月是也:日出日落、月圆月缺也是这样的,意思是善出奇者以虚实变化为依据,奇正变化的循环往复如日出日落、月圆月缺一样。四时:四季。"四时是也",四季更替也是这样的。

《李卫公问对》卷中:"靖曰:'敌实,则我必以正;敌虚,则我必以奇。苟将不知奇正,则虽知敌虚实,安能致之哉?'"又卷上:"若非正兵变为奇,奇兵变为正,则安能胜哉? 故善用兵者,奇正在人而已。变而神之,所以推乎天也。"

奇正制胜的客观规律又是怎样的呢?

④"声不过五"八句　　五声:指宫、商、角、徵、羽五音。胜:尽。听:《御览》卷二八二引作"闻",听、闻之意无别,但后者协韵。五色:指青、赤、黄、白、黑五种颜色。五味:指酸、苦、甘、辛、咸五种味道。战势:作战的策略。作战的策略不过奇与正两种,而临时变化,奇复为正,正复为奇,则奇正之变"不可胜穷"。前六句为后二句设喻:奇正之变如五声、五色、五味之变一样不可胜穷。这八句承上文"无穷"、"不竭",总结出奇正制胜的客观规律——奇正之变不可胜穷,其用意在于强调知"变"才了解如何使用军事力量,不知"变"就不了解如何使用军事力量。

《易·系辞》:"变化者,进退之象也。""一阖一辟谓之变。""变通者,趣时也。""变动以利言。""穷则变,变则通,通则久。"

⑤"奇正相生"三句　　相生:指奇正随虚实转化而生生不已。循环无端:往复回旋,没有终始。汉简本作"如环之毋端",无"循"字,可从。这三句承上文总结出奇正制胜的客观规律——奇正变化以虚实变化为基础,其用意在于强调"随机应变"、"因势利导"是使用军事力量的原则。——前半篇的"必受敌而无败"、"如以碬投卵"是使用这个原则的结果,后半篇的诱歼敌军、激发士气也要使用这个原则。

《六韬·军势》:"武王问太公曰:攻伐之道奈何? 太公曰:势因于敌家之动,变生于两阵之间,奇正发于无穷之源。"

《李卫公问对》卷上:"临时制变者不可胜穷也。"

【韵语】

"故善出奇者,无穷如天地,不竭如江海(河)。"二句协韵:地、河,歌部。

"终而复始,日月是也。死而更生,四时是也。"是也、是也,以虚词叠字为韵。

"声不过五,五声之变不可胜听(闻)也;色不过五,五色之变不可胜观也;味不过五,五味之变不可胜尝也;战势不过奇正,奇正之变不可胜穷也。"二句一转韵:闻、观,文元合韵;尝、穷,阳冬合韵。("冬",《诗经韵读》《楚辞韵读》均无与"阳"合韵之例。战国末至汉初,"冬"的语音发生变化,至"冬"、"东"不分之时,然后有"冬"、"阳"合韵之例。如《荀子·天论》:"天不为人之恶寒也,辍冬;地不为人之恶辽远也,辍广;君子不为小人之匈匈也,辍行。"冬、广、行,冬阳阳合韵。《礼记·礼运》:"故人不独亲其亲,不独子其子,使老有所终,壮有所用,幼有所长,矜寡孤独废疾者皆有所养,男有分,女有归。"终、用、长、养,冬东阳阳合韵。东汉·赵晔《吴越春秋》所引《河梁歌》:"渡河梁兮渡河梁,举兵所伐攻秦王。孟冬十月多雪霜,隆寒道路诚难当。阵兵未济秦师降,诸侯怖惧皆恐惶。……"梁、王、霜、当、惶,皆阳部;降,冬部。由是观之,"味不过五"以下韵语可能经过战国末或汉初时人的润色加工。)

【译文】

大凡作战(包括战争、战役、战斗)之法,以"正"对敌,以"奇"取胜。所以善于出奇制胜的将帅,他奇正变化的新样层出不穷,如天地运行不止、江河奔流不息;奇正变化以虚实变化为基础,循环往复,如日出日落、月圆月缺,如春夏秋冬季节更替,无穷无尽。声不过五,而五声谱成的乐曲多得听不完;色不过五,而五色调成的色彩多得看不完;味不过五,而五味调出的美味多得尝不完;作战的策略不过奇与正两种,而奇正的变化无穷无尽(所以知"变"才能了解如何使用军事力量)。奇变为正、正变为奇,如圆环一样无始无终,谁也穷尽不了,就因为奇正的变化随虚实而变化(所以使用军事力量要随机应变、因势利导)。

三

【原文】

激水之疾,至于漂石者,势也;鸷鸟之疾,至于毁折者,节也。① 故善战者,其势险,其节短。②——势如彍弩,节如发机。③

【句解】

①"激水之疾"六句　　激水：湍急的流水。疾：急,快速。漂：移也,冲走。势：力量,指水的冲击力。冲击力迅猛,然后能漂石。鸷鸟：鹰隼一类猛禽。疾：当从《御览》卷二八二所引改为"击"。毁折：使鸟雀毁骨折翼。节：调节,指扑击力的调节。鸷鸟对猎物的距离有精确估计,扑击的力度调节得恰到好处,因而使猎物毁折。六句以激水漂石、鸷鸟毁折喻说"势"与"节",为下文设喻。

《孙膑兵法·奇正》："故水行得其理,漂石折舟。"

《吕氏春秋·决胜》："若鸷鸟之击也,搏攫则殪,中木则碎。"

②"故善战者"三句　　势：指战斗力;险：犹"疾"也,强劲。节：调节,指战斗力的调节。短：近也(《十一家注》曹操说)。近而后发,引申出准确的意思。三句承上文说善战者亦如激水、鸷鸟,有"势"与"节"。

③"势如彉弩"二句　　彉弩：拉满的弓弩,多喻急疾、危险。"势如彉弩",补说"其势险"之"险",其战斗力如张满待发的弩箭一样强劲有力。发机：拨动弩弓的发矢机。"节如发机",补说"其节短"之"短",其战斗力的调节如拨动弩机一样准确无误。二句通过比喻来补说善战者的"势"与"节"的质及其辩证关系。善战者的奇正之师就是建立在"战斗力如弩箭一样强劲、战斗力的调节如扳机一样准确"的基础之上的。

《淮南子·兵略训》："疾如彉弩,势如发矢,一龙一蛇,动无常体,莫见其所中,莫知其所穷,攻则不可守,守则不可攻。"

【韵语】

"激水之疾,至于漂石者,势也;鸷鸟之疾(击),至于毁折者,节也。"二句合韵：势、节,月质合韵。

"故善战者,其势险,其节短：势如彉弩,节如发机。"二句间韵：短、机,元微合韵(《诗·小雅·谷风》："习习谷风,维山崔嵬。无草不死,无木不萎。忘我大德,思我小怨。"微元合韵。例见王力《诗经韵读》,298页)。

【译文】

湍急的流水迅疾奔泻,以至于冲走石头,是由于水的冲击力;鹰隼从高空向地面扑击,以至于使鸟雀毁骨折翼,是由于扑击力的调节。所以善战的人,他的战斗力是强劲的,他的战斗力的调节是准确的。——战斗力如同张满待发的弩箭一样强劲有力,战斗力的调节如同弩机的拨动一样准确无误。(善战者的奇正之师就该是这样的。)

四

【原文】

纷纷纭纭,斗乱而不可乱;浑浑沌沌,形圆而不可败。①乱生于治,怯生于勇,弱生于强。②治乱,数也;勇怯,势也;强弱,形也。③故善动敌者,形之,敌必从之;予之,敌必取之。④以利动之,以本待之。⑤

【句解】

①"纷纷纭纭"四句 纷纷纭纭:即纷纭,散乱之貌,形容"斗乱"之"乱"。斗乱:谓行列装作散乱(不齐一)。不可乱:实际乱不了。浑浑沌沌:即浑沌,不分之貌,形容"形圆"之"圆"。形圆:谓战阵装作无向背(形圆,战阵无向背、无锋,指向不明的样子)。不可败:实际破不了。以下讲以随机应变的行动诱歼敌军。这四句讲示弱匿形,观衅而动,这是随机应变行动的开端。

《六韬·兵道》:"武王曰:两军相遇,彼不可来,此不可往,各设固备,未敢先发,我欲袭之,不得其利,为之奈何?太公曰:外乱而内整,示饥而实饱,内精而外钝。一合一离,一聚一散。阴其谋,密其机,高其垒,伏其锐士,寂若无声,敌不知我所备,欲其西,袭其东。"又《军势》曰:"夫先胜者,先见弱于敌而后战者也,故事半而功倍焉。"

②"乱生于治"三句 生:犹"变"。乱变于治、怯变于勇、弱变于强,是说"纷纭"、"浑沌"变于治、勇、强,犹正变于奇。这三句承上说"纷纭"、"浑沌"之变正是奇正之变。

《孙子参同》:"夫乱实生于治也,怯实生于勇也,弱实生于强也,此正也。然吾之实治、实勇、实强,夫谁则知之?唯其不知,则虽正亦奇,奇正之用,又曷可穷也?"

③"治乱数也"三句 数:分数,指军队组织编制。势:力也,指战斗力、实力。形:指部署。三句互文,意谓治、勇、强伪装成乱、怯、弱而能"动敌",取决于组编的灵活、实力的强劲、部署的周密。这三句承上文说,奇正之变是综合使用数、势、形各种手段来完成的。——于此可见如发机之"节"的作用。

④"故善动敌者"五句 动敌:调动敌人。"善动敌者",承上文指善于以

"数、势、形"动敌的人。形：示形，指以乱、怯、弱之形示敌。从：信从。予：与，犹"诱"。取：受也，接受"诱"，即上钩。这五句承上说，由于综合使用各种手段，奇正之变达到调动敌人的目的。

⑤ "以利动之"二句　利：指乱、怯、弱。"以利动之"，是引之入彀。本：本体，指治、勇、强。"以本待之"，用实力对付他。"治、勇、强"即是"乱、怯、弱"，"乱、怯、弱"即是"治、勇、强"，犹奇即是正，正即是奇，变化莫测，使敌军在无法作出正确判断的情况下被歼灭。这两句总结上文，善战者随机应变，以奇正之术诱歼敌军。

　　宋·郑厚《艺圃折衷》："以正合、以奇胜，非善也；正变为奇、奇变为正，非善之善也；即奇为正、即正为奇，善之善也。"

　　杲禅师曰："即心是佛，更无别佛；即佛是心，更无别心。如拳作掌，似水成波；波即是水，掌即是拳也。"（见上海古籍出版社《金刚经集注》，118页）

【韵语】

"纷纷纭纭，斗乱而不可乱；浑浑沌沌，形圆而不可败。"全句互韵、句中互韵：乱、败，元月通韵；纷纷纭纭、浑浑沌沌，文部；乱、圆，元文合韵。

"乱生于治，怯生于勇，弱生于强。"三句韵之（×○○）式：治，之部，不韵；勇、强，东阳合韵。

"故善动敌者，形之，敌必从之；予之，敌必取之。"二句间韵：从、取，东侯通韵。

【译文】

行列纷纷纭纭，像是散乱却不会被打乱；战阵浑浑沌沌，像是阵无向背却不会被攻破。示乱而不乱，在于乱变于治；示怯而不怯，在于怯变于勇；示弱而不弱，在于弱变于强。治、勇、强能伪装成乱、怯、弱，取决于组编的灵活、实力的强劲、部署的周密。所以善于调动敌人的将帅，示以假象，敌人必定受骗；投以诱饵，敌人必定上钩。"治、勇、强"即是"乱、怯、弱"，"乱、怯、弱"即是"治、勇、强"，用假象调动他，用实力对付他。

五

【原文】

　　故善战者，求之于势，不责于人，故能择人而任势。①任势者，其战人也,如转木石。②木石之性,安则静,危则动,方则止,圆则行。③故善战人之势,如转石于千仞之山者,势也。④

【句解】

①"故善战者"四句　故:犹"夫",表议论的开始。势:"战势"之"势",策略。"求之于势",求胜于策略,是说用策略激发人的战斗积极性以求获胜。不责于人:不求胜于人,是说不凭靠人的勇敢以求获胜。本来克敌制胜必须依靠人,而依靠策略激发人的战斗积极性,人自为战,更易于获胜,善战者明白这个道理,所以"求之于势,不责于人"。择:同"释",弃也,犹"不依赖"。任:用也,犹"依赖"。"故能择人而任势",所以就不依赖人而依赖策略。四句说,善战者不求胜于"人"而求胜于"策略"。

②"任势者"三句　任势者:依赖策略取胜的人。战人:使人战,指挥士卒投入战斗。转:动也。木石:木头石头,喻指士卒。"战人"如"转木石"的喻意有二:一、"士卒"被喻为"木石",喻意是与敌人对垒战斗的是"士卒",而指挥其行动、激发其斗志,最终赖以克敌制胜的是"策略";二、"战人"被喻为"转木石",喻意是"策略"在"战人"中的重要措施是因势利导。这三句承上文说,善战者如何"择人而任势"。

③"木石之性"五句　木头石头的特性,放在平坦之地就静止,放在倾斜之地就滚动,方形的木石容易静止,圆形的木石容易滚动。这些都是隐喻。以因势利导滚动木石,隐喻因势利导以驱使士卒赴战。如根据敌我虚实的变化而出奇制胜,以显著的战果树立士卒必胜的信心;根据敌我士卒之所长而采用扬长避短的作战方式,以激发士卒敢战敢胜的作战勇气;根据士卒不同的心理动态进行恩威并施的管理教育,使士卒敢于效命、乐于效命;根据特殊的作战环境作出不合常规的作战部署,以特殊的作战环境激发出士卒必死之志,等等。因势利导,使平凡的士卒激发出不平凡的战斗力,这便形成如彍弩之"势"(力、战斗力)。

④"故善战人之势"三句　善战人:善战人者,善于指挥士卒作战的人。势:指"战人如转木石"的作战策略。石:指木石,承上文省"木",十一家注本作"圆石",亦通。"如转石于千仞之山者",如在千仞高山滚动木石那样。孙子以这幅图像去象征"善战人之势"的威力——奇正相变,因势利导,所向必碎,用力少而得功多。"势也",这就是"兵势",用兵策略,意谓"兵势"及其作战威力也就是这样的。这三句是全段结语也是全篇结语。

【韵语】

"木石之性,安则静,危则动,方则止,圆则行。"二句间韵:动、行,东阳合韵。

【译文】

　　善战的人,用策略激发人的战斗积极性以获取胜利,不凭靠人的勇敢以获取胜利,所以克敌制胜就不依赖人而依赖策略。依赖策略求胜的人,他指挥士卒投入战斗呀,如像滚动木头与石头。木头石头的特性,放在平坦之地就静止,放在倾斜之地就滚动,方形的木石容易静止,圆形的木石容易滚动。(因势利导,木头石头易于滚动,平凡的士卒可以发挥出不平凡的战斗力。)所以善于指挥士卒作战的人所使用的策略,如像在千仞高山滚动木石那样——奇正相变,因势利导,所向必碎,用力少而得功多。这就是"用兵的策略"!

虚实第六

"虚"与"实",是军事力量不足与有余、弱点与强点的形象概括。敌我争胜的过程,总是在"避实击虚"这一用兵规律的支配之下,力求使敌变虚、使我变实,而谁最终掌握这个主动权,谁就最终获胜。《虚实》篇的要旨,正是研究敌我"虚实彼己"主动权之争。《十一家注》曹操在该篇题下注曰:"能虚实彼己也。"可视为此篇的阅读指南。

全文分四段。第一段总括篇旨,善战者应掌握虚实彼己的主动权,而剥夺敌人虚实彼己的主动权。第二段,善战者应自如地掌握进退攻守的主动权,而使敌人失去进退攻守的主动权。第三段,善战者应自如地用示形的手段迷惑敌人调动敌人,而使敌人无法用示形的手段迷惑我调动我。第四段,善战者应自如地因敌而制胜,而使敌人无法因我而制胜。

在前人思想成果的基础之上,孙子在《虚实》篇里建立了一个研究虚实思想的理论体系。这个理论体系有三个环节:进退攻守,示形分敌,因敌制胜。其理论基础是:先为不可胜(《军形》),出奇制胜(《兵势》),以弱胜强(《老子》)。其作战原则是:知敌而后战,动敌而后战,弱敌而后战。研究的目标是:如何掌握"虚实彼己"的主动权。这个理论体系,可称为先秦兵家有关虚实思想研究成果的最全面的总结。唐太宗曰:"朕观诸兵书,无出孙武。孙武十三篇,无出虚实。夫用兵,识虚实之势,则无不胜焉。"(《李卫公问对》卷中)这是前人对《虚实》篇思想成就的最高评价。

一

【原文】

孙子曰:凡先处战地而待敌者佚,后处战地而趋战者劳。① 故善战者,致人而不致于人。② 能使敌人自至者,利之也;能使敌人不得至者,害之也。③ 故敌佚能劳之,饱能饥之,安能动之。④

【句解】

① "凡先处战地"二句 处:居,指占据。战地:形胜便利之地,争相控制

的重要地区。佚:安逸,安乐。趋战:仓促应战。劳:劳倦。《武经汇解·直解》:"我先处之,则人马闲逸而力有余,心神凝定而机可见。敌先据之而我后争之,则气力匮于奔驰,精神失于遑遽。"行军打仗,谁先到达战地,预有准备,谁就先处于实而主动的地位;反之,则处于虚而被动的地位。这两句以先后占据战地为例,说用兵打仗存在敌我"虚实"主动权之争。

《司马法·天子之义》:"军旅以舒为主,舒则民力足。虽交兵致刃,徒不趋,车不驰,逐奔不逾列,是以不乱。军旅之固,不失行列之政,不绝人马之力,迟速不过诫命。"

《孙膑兵法·客主人分》:"负……[主人者,先]定者也。客者,后定者也。主人安地抚势以胥(待),夫客犯隘逾险而至。夫犯隘……退敢刭颈,进不敢拒敌,其何故也? 势不便,地不利也。"

② "故善战者"二句　　致:使、支配、操纵。"致人",承上文说使对方趋战,由佚变劳,由实变虚。"不致于人",承上文说不让对方支配我趋战,由佚变劳,由实变虚。这两句实质上说善战者应掌握虚实彼己的主动权,而剥夺敌人虚实彼己的主动权。这两句是本段的要旨,也是全篇要旨之所在,后三段争夺虚实主动权的思想均由此引出。

《司马法·定爵》:"凡战,权也;斗,勇也;陈,巧也。用其所欲,行其所能,废其不欲不能。于敌反是。"

《李卫公问对》卷中:"太宗曰:'以奇为正者,敌意其奇,则吾正击之;以正为奇者,敌意其正,则吾奇击之。使敌势常虚,我势常实。当以此法授诸将,使易晓尔。'靖曰:'千章万句,不出乎"致人而不致于人"而已。臣当以此教诸将。'"

《太白阴经·数有探心》:"夫道贵制人,不贵制于人。制人者握权,制于人者遵命也。"

③ "能使敌人自至者"四句　　自至:自动到我要他去的地方,等于说自投罗网。不得至:无法到我不让他去的地方,是说无法进入我要害之地。使敌"自至"、"不得至",即是"致人而不致于人"。利之也、害之也:是以利诱之、以害逼之的结果。避害趋利,是用兵的根本目的;示利示害,是形兵的主要手段。四句承上说,一利一害、一奇一正,是达成"致人而不致于人"目的的手段。

《孙子·兵势》:"故善动敌者,形之,敌必从之;予之,敌必取之。以利动之,以本待之。"

《草庐经略·致人》:"致之使来者:或动之以利,或激之以怒,或示之以懈,或挑之以害,或诱之以北。使敌心乐而愿至,不察而轻至,势极不得不至,皆'多方以误之'也。"

④ "故敌佚能劳之"三句　　劳之:使之疲劳。饥之:使之饥饿。动之:使之躁动。这三句以三个例证,证实以"利、害"为手段在多种情况下均可达成"致人而不致于人"的目的。以奇正之术操纵战场上的主动权,可以调动敌人、虚实彼己,是以上一段文字的要旨,也是以下各段文字论述虚实这一命题的纲领。

《李卫公问对》卷中:"'饱能饥之,佚能劳之',是变主为客也。"

【译文】

孙子说:凡先占据战地而待敌的就闲逸,后赶来争夺战地的就劳倦。(用兵打仗就存在敌我"虚实"主动权之争。)所以善战者,能调动敌人而不被敌人所调动。能使敌人自动到我要他来的地方,是以利引诱他的结果;能使敌人无法到他要去的地方,是以害威胁他的结果。所以敌人闲逸,能使他劳倦;敌人食足,能使他饥乏;敌人安静,能使他躁动。

<h1 style="text-align:center">二</h1>

【原文】

出其所不趋,趋其所不意。①行千里而不劳者,行于无人之地也。②攻而必取者,攻其所不守也;守而必固者,守其所不攻也。③故善攻者,敌不知其所守;善守者,敌不知其所攻。④微乎微乎,至于无形,神乎神乎,至于无声,故能为敌之司命。⑤

【句解】

① "出其所不趋"二句　　出:与"趋其不意"之"趋"并举,犹"击"也。所不趋:不可急往救援之地(地之虚)。趋:急进。所不意:意料不到之时(时之虚)。这两句说时时处处牵制敌人,叫他顾彼失此,被动挨打。牵制敌人的手段正是"击虚"。

《吴子·料敌》:"用兵必须审敌虚实,而趋其危。"

《草庐经略·击虚》:"所谓虚者,非值其兵之寡弱也。凡守备之懈弛,粮食之匮乏,人心之怯慑,士众之淆乱,城隍之颓圮,兵力之劳倦,壁垒之未完,禁令之未施,贤能之未任,阵势之未固,谋画之未定,群情之未协,地利之未得，若此者，皆虚也。亟选锋冲之，潜兵袭之，未有不得志于敌者，贵在知之极审。”

②"行千里而不劳者"二句 　　行千里：征战千里。劳：病也。《淮南子·精神训》"好憎者使人之心劳。"高诱注："劳，病也。"《广雅·释诂三》："訒、畏、病，难也。"这里的"劳"解为"病"，与"难"意同，引申为受挫、遇阻难的意思。又，"劳"汉简本作"畏"；畏，与"难"意同（见上引《广雅》），也是受挫、遇阻难的意思。旧注本释"劳"为劳苦、疲劳，不可从。无人之地：使敌顾彼失此而变虚之地。这两句说，征战千里也不会受挫、遇阻难，是因为行进在敌人被牵制而无兵把守之地，意思是牵制住敌人，然后能掌握进退的主动权。

③"攻而必取者"四句 　　所不守：指当守而不守之地。所不攻：指当攻而不攻之地。攻而必取，因为攻的是敌人当守而不守之地。守而必固，因为守的是敌人当攻而不攻之地。这四句说如此攻守，就能掌握攻守的主动权。但如何能使敌人不守当守之地、不攻当攻之地？

《管子·幼官》："攻不守则拙者巧，数也。"

《孙膑兵法·威王问》："必攻不守，兵之急者也。"

《史记·孙吴列传》：引孙膑谓田忌曰："夫解杂乱纷纠者不控捲，救斗者不博撠，批亢捣虚，形格势禁，则自为解耳。"

④"故善攻者"四句 　　善攻、善守者，以奇正之术示敌以有余、示敌以不足。敌以为我有余而守，即是"不知其所守"（不守当守之地），敌以为我不足而攻，即是"不知其所攻"（不攻当攻之地）。敌不知其所守，我所攻之地由实变虚，所以"攻而必取"；敌不知其所攻，我所守之地由虚变实，所以"守而必固"。这四句承上四句说，用奇正之术转化虚实，就能掌握攻守的主动权。

《刘子·兵术》："故风雨有形，则可以帷幕捍；寒暑无形，不可以关钥遏也。是以善攻者，敌不知其所守，如畏雷电，击无常处；善守者，敌不知其所攻，如寻寰中，不见其际。"

《李卫公问对》卷下："守之法，要在示敌以不足；攻之法，要在示敌以有余。示敌以不足，则敌必来攻，此是敌不知其所攻者也；示敌以有余，则敌必自守，此是敌不知其所守者也。"

⑤"微乎微乎"五句 　　微：隐微难识。神：神妙莫测。司命：掌握人生死命运之神。五句承上文作结说，牵制敌人，转化虚实，到达隐微无形、神妙无声的最高境界，始能掌握进退攻守的主动权。无形、无声，是先秦道家、兵家常谈论的论题。

《老子》十四章："视之不见，名曰夷；听之不闻，名曰希；搏之不得，名曰微。此三者不可致诘,故混而为一。"

《管子·幼官》:"无象胜之本。"《兵法》又曰:"善者之为兵也,使敌若据虚,若搏景。无设无形焉,无不可以成也;无形无为焉,无不可以化也。此之谓道矣。若亡而存,若后而先,威不足以命之。"

《文子·精诚》:"无形者不动,不动者无言也,无言者即静而无声。无形无声者,视之不见,听之不闻,是谓微妙,是谓至神,绵绵若存,是谓天地之根。"

【原文】

进而不可御者,冲其虚也;退而不可追者,速而不可及也。①故我欲战,敌虽高垒深沟,不得不与我战者,攻其所必救也;我不欲战,虽画地而守之,敌不得与我战者,乖其所之也。②

【句解】

① "进而不可御者"四句　　进而不可御:我欲进而敌不能抵挡。冲其虚:冲击其要害之地。击虚以牵制敌人,我即掌握进的主动权。不可追者:汉简本作"不可止者"。止,阻拦的意思,与"不可御"的"御"对举,义长于"追"。速:疾去也,急速离去的意思。又,"速"汉简本作"远",《御览》卷三一七所引亦作"远",与汉简本合。"远而",即邈然,若亡而存,若后而先,可望而不可即的样子。这是以奇正之术将我的退由虚变实,所以掌握退的主动权,而不可阻拦。这四句说牵制敌人、转化虚实,可以掌握进与退的主动权。

《管子·制分》:"故莫知其将至也,至而不可圉;莫知其将去也,去而不可止。敌人虽众,不能止待。"

② "故我欲战"八句　　高垒深沟:加高营垒,加深壕堑,是说敌坚不欲战。攻其所必救:攻击敌人要害之地。牵制住敌人,就能掌握"战"的主动权,逼敌人打败局已定之仗。画地:在地上画界线,是说无坚固的防线。乖:背离。所之:进攻的方向。"乖其所之",以不测之形将敌人引向它处,我掌握"不战"的主动权,就能从容避害趋利。这八句连上四句,与上文"故能为敌之司命"句相应。

《孙膑兵法·十问》:"交和而舍,敌人保山而带阻,我远则不接,近则无所,击之奈何? 击此者……攻其所必救,使离其固。"

《李卫公问对》卷上:"善用兵者,先为不可测,则敌乖其所之也。"

【韵语】

"攻而必取者,攻其所不守也;守而必固者,守其所不攻也。"二句合韵:守、攻,幽东合韵。

　　"故善攻者,敌不知其所守;善守者,敌不知其所攻。"句中互韵:守、攻,幽东合韵;攻、守,东幽合韵。

　　"微乎微乎,至于无形,神乎神乎,至于无声,故能为敌之司命。"三句韵之(○○○)式、句中互韵:形、声、命,耕部;微微(微、脂不分)、神神,脂脂真真通韵。

　　"故我欲战,敌虽高垒深沟,不得不与我战者,攻其所必救也;我不欲战,虽画地而守之,敌不得与我战者,乖其所之也。"句中双互韵:救、之,幽之合韵;沟、守,侯幽合韵;战、战,元部。

【译文】

　　向敌人无法急援之地出击,在敌人仓促失备之时突袭,时时处处牵制敌人。征战千里也不会遇阻难,是因为行进在敌人被牵制而无兵把守之地。所以说,牵制敌人才能掌握进退的主动权。进攻必然得手,是因为向敌人当守而不守之地进攻;防守必然稳固,是因为在敌人当攻而不攻之处防守。(怎样才能叫敌人当守不守、当攻不攻?)善攻者使敌不知道该防守何处,他所守之地由实变虚,所以我"攻而必取";善守者使敌人不知道该进攻何方,他所攻之地由虚变实,所以我"守而必固"。所以说,转化虚实才能掌握攻守的主动权。牵制敌人、转化虚实,能到达隐微而至于无形、神妙而至于无声的境界,这才能成为敌人生死的司命之神。

　　我欲进而敌不能抵挡,是因为冲击了他要害之处;我欲退而敌不能阻拦,是因为邈然而去可望而不可即。我欲攻战,敌虽加高营垒加深壕堑坚不欲战,而又不得不应战,是因为袭击了他所必救之处;我不欲攻战,即使地上画道线来防守,敌亦无法求战,是因为我以不测之形使他背离原定的进攻方向。牵制敌人、转化虚实,掌握进退攻守的主动权,就能成为敌人生死的司命之神。

三 之 一

【原文】

　　故形人而我无形,则我专而敌分。①我专为一,敌分为十,是以十攻其一也,则我众敌寡;能以众击寡者,则吾之所与战者约矣。②吾所与战之地不可知;不可知,则敌所备者多;敌所备者多,则吾所与战者寡矣。③故备前则后寡,备后则前寡,备左则右寡,备右则左寡,无所不备则无所不寡。④寡者,备人者也;众者,使人备己者也。⑤

【句解】

①"故形人而我无形"二句　　形人:使敌人现形。我无形:我不露形迹。我掌握真实的敌形,自能叫他耳聋目盲,陷于不知其所守、不知其所攻的困境之中。专:兵力集中,我虚实之情在胸,故"我专"。分:兵力分散,敌不辨虚实之情,故"敌分"。这两句意谓以"形人"之法为手段,可以掌握敌我兵力变虚变实的主动权。这是本段内容的提纲,而论述次序是由果溯因,前半段讲"我专而敌分",后半段讲"形人而我无形"。

> 《李卫公问对》卷上:"孙子所谓'形人而我无形',此乃奇正之极至。""吾之正,使敌视以为奇;吾之奇,使敌视以为正,斯所谓'形人者'钦?以奇为正,以正为奇,变化莫测,斯所谓'无形者'钦?"

> 《李卫公问对》卷下:"太公云:分不分,为縻军;聚不聚,为孤旅。"

> 《六韬·分合》:"凡用兵之法,三军之众,必有分合之变。"

②"我专为一"六句　　约:弱、卑。假使我集中为一,敌分散为十;我虽一而有十分势力,敌虽十而只有一分势力,这就形成以十攻一、以众击寡的有利局面——我兵力由虚变实了。与我交战的敌人就薄弱了——由实变虚了。这六句说我集中兵力在局部上可以以多胜少,胜于易胜——这也就是易于虚实彼己。

> 《淮南子·兵略训》:"专一则威","力分则弱"。又曰:"夫五指之更弹,不若捲手之一挃,万人之更进,不如百人之俱至也。今夫虎豹便捷,熊罴多力,然而人食其肉而席其革者,不能通其知而壹其力也。"

③"吾所与战之地不可知"五句　　吾所与战之地:即我集中兵力将要出击之处。不可知:不可见,不让敌人知晓,是"我无形"之故。敌所备者多:敌人需要防备的地方就多。防备的地方多,即分兵把守的地方多,兵力被我分散的多,部伍被我分割的多——敌兵力由实变虚了。吾所与战者寡:我要与之交战的敌人就少——我兵力由虚变实。五句以连锁式的因果句说:我集中兵力在全局上可以以少胜多,胜于易胜。

> 《孙膑兵法·客主人分》:"所谓善战者,善翦断之,如□会捝者也。能分人之兵,能按(牵制)人之兵,则锱铢而有余。不能分人之兵,不能按人之兵,则数倍而不足。"

> 《淮南子·兵略训》:"心疑则北,力分则弱。故能分人之兵,疑人之心,则锱铢有余;不能分人之兵,疑人之心,则数倍不足。"

④ "故备前则后寡"五句　　备前、备后、备左、备右,"吾所与战之地不可知"之故。寡:兵力薄弱,即是"虚"。处处备,就处处分兵,也就处处变寡,所以说"无所不备则无所不寡"。这五句铺张扬厉,赞美"我专而敌分"效应之情溢于言外。

《孙膑兵法·将失》:"战而忧前者后虚,忧后者前虚,忧左者右虚,忧右者左虚,战而有忧,可败也。"

⑤ "寡者备人者也"二句　　这两句收束上文,说兵力变少变多,在于是否掌握"形人而我无形"的主动权。

【原文】

故知战之地,知战之日,则可千里而会战。①不知战地,不知战日,则左不能救右,右不能救左,前不能救后,后不能救前,而况远者数十里,近者数里乎!②以吾度之,越人之兵虽多,亦奚益于胜哉?③故曰:胜可为也。敌虽众,可使无斗。④

【句解】

① "故知战之地"三句　　知:预知。预知敌我虚实之形者,然后"知"。会战:集中兵力与敌交战。这三句说,预知敌我虚实之形,虽千里之遥也能集中兵力与敌交战,使敌分兵而变寡。

② "不知战地"八句　　不能预知敌我虚实之形者,处于"备人"不暇的困境,更不要说千里而会战了。这八句连上三句说,使敌分兵变寡的关键是预知敌我虚实之形。

③ "以吾度之"三句　　以:由。度:量。越人:越国,时与吴国为敌。亦奚益于胜:于胜亦有何益?意为越国兵众虽多对取胜无甚帮助,以下推论越国兵多亦可分而败之。

④ "故曰"三句　　胜可为:胜利是可以争取的。汉简本"可为"作"可擅"。擅,据有。我真正做到"形人而我无形",胜利是可以争取的。《十一家注》孟氏曰:"若使敌不知战地、期日,我之必胜可常有也。"无斗:不能战斗。运用示形分敌之法使之"无所不寡",则敌虽众可使不能战斗。连上三句以越国可败为例,论证使敌分兵变寡的关键是预知敌我虚实之形,以引起下半段文字。

【韵语】

"故备前则后寡,备后则前寡,备左则右寡,备右则左寡,无所不备则无所不寡。"五"寡"叠字韵:寡,鱼部。

【译文】

使敌人现形而我不露形迹,我兵力就集中,敌兵力就分散。我集中为一,敌分散为十,这是用十分兵力攻敌一分兵力,我兵力就变多而敌兵力就变少。能以多击少的话,那么与我交战的兵力就弱了。我所要攻之地使敌不可知晓;不可知晓,敌防守的处所就多;防守的处所多,与我交战的兵力就少了。所以防备前面则后面兵力变弱,防备后面则前面兵力变弱,防备左翼则右翼兵力变弱,防备右翼则左翼兵力变弱,无处不防备就无处不变弱。兵力变弱,是由于防备别人;兵力变强,是由于使人防备自己。

预见交战之地,预见交战之时,就能从千里之外来会战。不能预见交战之地,不能预见交战之时,就陷于左不能救右、右不能救左、前不能救后、后不能救前的困境,何况远的几十里、近的几里之外的会战呢?依我分析,越国的兵众虽多,对取胜有什么益处呢?所以说:胜利能争取来的。敌兵即使多,也能使他们无法战斗。

三 之 二

【原文】

故策之而知得失之计,作之而知动静之理,形之而知死生之地,角之而知有余不足之处。① 故形兵之极,至于无形;无形,则深间不能窥,智者不能谋。② 因形而措胜于众,众不能知;人皆知我所以胜之形,而莫知吾所以制胜之形。③ 故其战胜不复,而应形于无穷。④

【句解】

① "故策之"四句　策:筹算。得失之计:计之得失,指敌军作战计划的得失。作:挑动。动静之理:指兵力分合的规律。形之:对敌佯动示形。死生之地:指敌军地形的利弊。角:触也,指实力侦察。有余不足之处:指敌军兵力部署中的虚实强弱。"策、作、形、角"而后"知",这是有形的"形人"之法;此法易为对方所察觉,既不得敌情,又暴露我形。以下讲"形人而我无形"。这四句与下五句从反、正两面论说理想的"形人"之法。

《淮南子·兵略训》:"智见者人为之谋,形见者人为之功,众见者人为之伏,器见者人为之备。动作周还,倨句诎伸,可巧诈者,皆非善者也。""是故为麋鹿者,则可以罝罘设也,为鱼鳖者,则可以网罟取也,为鸿鹄者,则可以矰缴加也,唯无形者无可奈也。"

②"故形兵之极"五句　　故:所以。形兵:犹"形人"。《十一家注》李筌释为"形敌",其实形兵、形敌、形人一意,只是承上文的"策、作、形、角"而称之为"形兵"。极:极至。至于无形:到达无形的境界。善用兵者,了解敌军作战计划的得失而不用"策",掌握敌军行动的规律而不用"作",识察敌军地形的利弊而不用"形",判断敌军兵力部署的虚实而不用"角",以奇为正,以正为奇,变化莫测,到达出神入化的境地,故曰"至于无形"。深间:深入我方的间谍。深藏的间谍不能窥测,聪明的敌将不能谋算,言外之意是能使敌人耳聋目盲,丧失知觉能力,而我能隐蔽自己的军事行动及企图。五句承上说,无形的"形人"之法,才是理想的"形人"之法。

《老子》二十七章:"善行,无辙迹;善言,无瑕谪;善数,不用筹策;善闭,无关楗而不可开;善结,无绳约而不可解。"

《文子·道原》:"夫无形大,有形细。无形多,有形少。无形强,有形弱。无形实,有形虚。"

《六韬·军势》:"善胜敌者,胜于无形。"

《淮南子·兵略训》:"所贵道者,贵其无形也。无形,则不可制迫也,不可度量也,不可巧诈也,不可规虑也。"

③"因形而措胜于众"四句　　因形:依据敌情(而战)。措胜于众:将易胜之胜摆在兵众之前。众不能知:兵众对获取易胜之胜的原因不能理解。下两句解说其原因。人皆知我所以胜之形:兵众都以为我用来取胜的是"形人"之法。形,此指"形人"之法。而莫知吾所以制胜之形:但没有人知道我用来克敌制胜的是无形的"形人"之法。形,此指无形的"形人"之法。无形的"形人"之法隐秘难测,不仅能使敌人丧失知觉能力,隐蔽我的军事行动及企图,也"蒙蔽"了参战的兵众。兵众在战斗中除了战得轻松没有异样的感觉,只知平常的"形人"之法而不知另有一种无形的"形人"之法,因而"众不能知"。这四句是"深间不能窥"二句的延伸,借解说"众不能知"的原因,再强调无形的"形人"之法是理想的"形人"之法。

《李卫公问对》卷上:"善用兵者,无不正,无不奇,使敌莫测。故正亦胜,奇亦胜。三军之士,止知其胜,莫知其所以胜。非变而能通,安能至是哉?"

④"故其战胜不复"二句　　其:我,与上文"我"、"吾"同位。战胜:克敌制胜之法。不复:不重复使用。这是使用无形的"形人"之法而随敌变化的结果。应形:同"因形",指依敌情而战的方法。这二句为全段作结,说无形的"形人"之

法富有战斗活力,凭借它始终能自如地用示形的手段迷惑敌人调动敌人,而使敌人无法迷惑我调动我。

《淮南子·兵略训》:"所用不复,故胜可百全。"

【韵语】

"故策之而知得失之计,作(候)之而知动静之理,形之而知死生之地,角之而知有余不足之处。"二句句首间韵:理、处,之鱼合韵。(《诗·鄘风·蝃蝀》:"朝隮于西,崇朝其雨。女子有行,远兄弟父母。"雨、母,鱼之合韵。例见王力《诗经韵读》,178页。)作,《通典》卷一五〇与《御览》卷二九〇引作"候",候、角,侯屋通韵。作"候"者,或有所本。

"人皆知我所胜之形,而莫知吾所以制胜之形。"二句协韵:形、形,耕部。

"故其战胜不复,而应形于无穷。"二句协韵:复、穷,觉冬通韵。

【译文】

筹算,然后知道敌军作战计划的得失;挑动,然后知道敌军兵力分合的规律;佯动示形,然后知道敌军所处地形的利弊;实力侦察,然后知道敌军兵力部署的虚实。(这是有形的"形人"之法。)"形人"之法的极至,是到达无形的境界。到达无形的境界,深藏的间谍就无法窥探,聪明的敌将就无法谋算。依据敌情而战,即便把易胜之胜摆在兵众之前,兵众对获得易胜之胜的原因不能理解;原来兵众都以为我用来取胜的是"形人"之法,但没有人知道我用来克敌制胜的是无形的"形人"之法。(因为掌握无形的"形人"之法,)所以我克敌制胜之法不重复使用,依据敌情而战的方法始终能随敌变化而不断变化。

四

【原文】

夫兵形象水。① 水之形,避高而趋下;兵之形,避实而击虚。②

【句解】

① "夫兵形象水"句　　形:同"势",规律、方式、形态。"兵形象水",是说用

兵的规律如同流水一样。水性柔弱而善"因"。人皆攀高,水独向下,不自以为是,善于随外物的变化而向低处流去。所以,它在大自然中创造出许许多多奇迹,并展示出自己强大的生命力。《孙子》认为用兵者应该效法"水",以柔弱自居,不恃刚凌弱,不强作妄为;要是善于随敌情而变化,打仗就出神入化,敌人防不胜防。水之"因"富有哲理性。《老子》以水之"因"喻"无为",是要阐释道家"无为"的哲学思想,教人做一个合乎道体的人。《孙子》以水之"因"喻兵,是要强调"因敌而制胜"的道理。这一段讲如何因敌而制胜,而使敌人无法因我而制胜。

《老子》八章:"上善若水。水善利万物而不争,处众人之所恶,故几于道。"七十八章又曰:"天下莫柔弱于水,而攻坚强者莫之能先,其无以易之。弱之胜强,柔之胜刚,天下莫不知,莫能行。"

《淮南子·原道训》:"天下之物,莫柔弱于水。然而大不可极,深不可测;修极于无穷,远沦于无涯;息耗减益,通于不訾;上天则为雨露,下地则为润泽;……行而不可得穷极也,微而不可得把握也;击之无创,刺之不伤,斩之不断,焚之不然;淖溺流遁,错缪相纷而不可靡散;利贯金石,强济天下……"

②"水之形"二句　水之形:汉简本作"水行",《治要》卷三三、《通典》卷一五八、《刘子·兵术》所引并作"水之行"。趋:向。兵之形:用兵作战的规律,即"避实而击虚"。"从生击死,从实击虚,从整击乱,从利击害,从逸击劳,从有余击困穷"(《虎钤经·军谋》),战胜那些已处于失败地位的虚弱之敌,就能"胜于易胜",所以说"避实而击虚"是用兵作战的规律。《孙子》以"水之行"比况"兵之形",正是强调"避实而击虚"是一条不可移易的用兵规律。

《管子·制分》:"故凡用兵者,攻坚则轫,乘瑕则神。攻坚则瑕者坚,乘瑕则坚者瑕。故坚其坚者,瑕其瑕者。屠牛坦朝解九牛,而刀可以莫铁,则刃游间也。"

《刘子·兵术》:"兵形象水。水之行,避高而就下;兵之势,避实而击虚,避强而攻弱,避治而击乱,避锐而击衰。"

【原文】

水因地而制流,兵因敌而制胜。①故兵无常势,水无常形,能因敌变化而取胜者,谓之神。②

【句解】

①"水因地而制流"二句　因地:依据地形的高下。制流:制约不同的流向。汉简本作"制行","行"义同于"流"而协韵。因敌:依据敌之虚实。制胜:决

定不同的战胜之策。"因地而制流",是水流的原则;"因敌而制胜",是作战的原则。《孙子》以"因地"喻"因敌",正是强调"因敌而制胜"是一条不可移易的作战原则。要掌握好这一作战原则,必先以敌为师,不只是看得见自己的实力也看得见敌方的实力,不只是肯定自我而且更能认同敌人。还要看得清楚变化之中的敌人,即不同时段、不同地段之中的"这一个"敌人。只有真正做到"因敌",才有可能走出正确的下一步——"制胜",用应变的战策打败变化之中的敌人。"因敌"而"避实击虚"的命题,战国时代的兵家已经注意到了。

> 《管子·霸言》:"故善攻者,料众以攻众,料食以攻食,料备以攻备。以众攻众,众存不攻;以食攻食,食存不攻;以备攻备,备存不攻。释实而攻虚,释坚而攻脆,释难而攻易。"

② "故兵无常势"四句　　兵无常势、水无常形:用兵没有固定的方式,如同水流没有不变的形态。这二句承上"水因地"二句而来,强调用兵没有固定方式是源于"因敌",亦如水流没有固定流向是源于"因地"一样,皆出于必然。能:有"善"的意思;因敌变化而取胜:顺随敌情变化而取胜。神:"取胜若神。"(《十一家注》曹操曰)善于因敌而制胜者,如"水因地而制流"那样,胜得自自然然、容容易易,故曰"取胜若神"。这四句说,因敌而制胜是一种"取胜若神"的作战原则。

> 《吕氏春秋·决胜》:"凡兵,贵其因也。因也者,因敌之险以为己固,因敌之谋以为己事。能审因而加,胜则不可穷矣。胜不可穷之谓神,神则能不可胜也。"

> 《史记·孙吴列传》引孙膑谓田忌曰:"善战者因其势而利导之。"

> 《草庐经略·因势》:"用兵定有一势,惟'因其势而利导之'者,为得算。盖敌势万变不齐,善战者惟随势以应,而我无定局,是谓'胜于易胜'也。敌欺我,则骄之;敌畏我,则恐之。敌勇而愚,则诱之;敌轻而躁,则劳之;敌过慎而葸,则疑之。敌上下猜疑,则间之。敌好袭人,则佯为无备;敌好侵掠,则委利以饵之。敌务于进,则设伏以致之;敌志在退,则开险以击之。凡如此例,难容悉数,皆因敌情以导之耳。敌既入我阱中,乘势出奇,选锋突击,覆之犹反手耳!"

【原文】

故五行无常胜,①四时无恒位,②日有短长,③月有死生。④

【句解】

① "故五行无常胜"句　　五行:木、火、土、金、水。古人认为这五种物质材

料"相生相克",即木生火,火生土,土生金,金生水,金克木,木克土,土克水,水克火;由于"相生相克",五行才有利于百姓的饮食、劳作和种植。胜:旺,犹"相生相克"的"生"。"五行无常胜",五行不固定于"生",也就是说五行变化是无穷的、永恒的。

　　②"四时无恒位"句　　四时:春、夏、秋、冬。百姓利用季节变换的顺序,"春生夏长,秋收冬藏",以求得温饱。位:汉简本作"立",古通用。"四时无常位",四季没有固定的位置,也就是说四季变化是无穷的、永恒的。

　　③"日有短长"句　　日:指白昼。短长:指日照时间,冬短夏长。日照时间短,有利于百姓休息;日照时间长,有利于百姓耕作。一年之中有短和长的变化,这有利于百姓的劳逸结合。"日有长短",白昼有短有长,也就是说白昼冬短夏长的相因变化是无穷的、永恒的。

　　④"月有死生"句　　月:月亮。死生:犹"亏盈",缺圆。《通典》卷一六一"死生"作"生死","生死"与"死生"义同,而"生死"之"死"协韵,故《通典》所引可从。古人认为月亮是各种属阴之物的根本,月亮的圆缺变化呈现于天空,而引发陆地海洋各种属阴之物的变化,古人疑惑不解,因而对"月有死生"是敬畏的。一个月之中月亮有圆有缺的变化,月月如此,年年如此,所以"月有死生"的变化是无穷的、永恒的。

　　这四句如一首咏物小赋,赞美"因敌而制胜"的作战原则如五行、四时、日、月一样,相因而变,常变常新。

　　　《孙膑兵法·奇正》:"代兴代废,四时是也。有胜有不胜,五行是也。有生有死,万物是也。""形胜之变,与天地相敝而不穷。""故圣人以万物之胜胜万物,故其胜不屈。"

　　　《兵诀评》:"只看他行文亦千变无穷,即此可悟兵法。"

【韵语】

　　"水之形(行),避高而趋下;兵之形,避实而击虚。"句中互韵:下、虚,鱼部;行、形,阳耕合韵。

　　"水因地而制流(行),兵因敌而制胜。"二句协韵:行、胜,阳蒸合韵;依汉简本"流"作"行",则二句为韵语。

　　"故五行无常胜,四时无恒位,日有短长,月有死生(生死)。"两韵互协:位、死,物微通韵;胜、长,蒸阳合韵。依《通典》所引则四句为韵语。

【译文】

　　用兵的规律如同流水一样。水的流行是避高而向下,用兵的规律是避实而击虚。流水依据地形的高下而制约不同的流向,用兵依据敌方的虚实而决定不同的战法。所以用兵没有固定的方式,如同水流没有不变的形态;善于因敌虚实变化而取胜的,叫做取胜若神。那五行不固定于旺相,季节没有固定的位置,白昼有长有短,月亮有圆有缺。因敌制胜的作战原则亦如此,相因而变,常变常新。

军争第七

　　"军争"，两军争夺先机之利。兵战之场、立尸之地如何争利？孙子打比方说"以迂为直，以患为利"，要求作战指挥者知常识变，用间接手段去达到目的。这种做法即古之所谓"权术"，今之所谓"策略"。权术也好，策略也罢，都是用辩证的思想和方法去观察对立双方的相互转化，更重要的是为这种转化创造出转化的前提与条件。所以，"军争"的大方略即是运用策略去争利。比如，军争之中利与害同时存在，只有由害求利才有可能变害为利；军争之中难与易相互依存，平时修道保法由易"图难"，战时才能化难为易而克敌制胜；常法是常变而常新的，如金鼓旌旗原来的作用一经创新就可以产生出另一种新的作用；攻战之法的灵魂是权术，如治气治心治力治变每一样都必须采用间接手段，方可达到预期目的；相反的用兵法则有时相互转化，如"不战"可以达到"战胜"的目的。全篇六段，第一段讲两军争利的策略，后五段各举一例作说明。

　　茅元仪《兵诀评》曰："真实用兵，尽此一篇。"

一

【原文】

　　孙子曰：凡用兵之法，将受命于君，合军聚众，交和而舍，莫难于军争。①军争之难者，以迂为直，以患为利。②故迂其途，而诱之以利，后人发，先人至，此知迂直之计者也。③

【句解】

　　① "凡用兵之法"五句　　法：常规。受命于君："受君命，伐叛逆。"（《十一家注》张预曰）合军、聚众：同义并举，指组编、调集士卒。交和：两军相对。和，军门，《周礼·大司马》："以旌为左右和之门。"郑司农注："军门曰和，今谓之垒门。"舍：止，驻扎阵地。军争：两军争夺先机之利。自受命至此，争夺先机之利是最难的一个环节，故曰"莫难于军争"。

　　② "军争之难者"三句　　迂：迂回，曲折。为：求。患：祸患，灾害。"以迂

为直,以患为利",以走迂曲之路求得近直,以走危险之路求得便利。军争之所以难,由于受"敌我相对行动"规律的制约,军争不是径情直遂之事,而必以间接手段方可达到目的。亦由于此,军争的指挥者必须掌握高度的军事艺术。孙子以"以迂为直"、"以患为利"二句概括军争的特性以及军争应走的道路,这是全篇要点之所在。

《老子》二章:"有无相生,难易相成,长短相形,高下相盈,音声相和,前后相随,恒也。"又二十二章:"曲则全,枉则直,洼则盈,敝则新,少则得,多则惑。"又五十八章:"祸兮福之所倚,福兮祸之所伏……正复为奇,善复为妖。"

③"故迂其途"五句 迂:使(行军道路)迂回。后人发:后于敌人出发。所谓"后",不是怯懦迟滞,而是因敌变化、观衅而动。先人至:先于敌人到达目的地,即先于敌人取得先机之利。这是落实"策略"的实际行动及其成效。这五句说怎样做才能成为军争的成功者,进一步补充迂直之计的内容。

《六韬·军势》:"夫先胜者,先见弱于敌而后战者也,故事半而功倍焉。"

《荀子·议兵》:"王曰:请问兵要。临武君对曰:上得天时,下得地利,观敌之变动,后之发,先之至,此用兵之要术也。"

【译文】

孙子说:用兵的常规,将领接受君主的命令,从组编、调集军队,到两军对垒,没有什么比"军争"更困难。"军争"之所以难,在于以走迂曲之路求得近直,以走危险之路求得便利。所以,迂回行军,以此引诱敌人,我后于敌人发兵,却先于敌人到达目的地,这就是懂得以迂为直策略的做法。

二

【原文】

军争为利,众争为危。①举军而争利,则不及;委军而争利,则辎重捐。②是故卷甲而趋,日夜不处,倍道兼行,百里而争利,则擒三将军,劲者先,疲者后,其法十一而至;③五十里而争利,则蹶上将军,其法半至;④三十里而争利,则三分之二至。⑤是故军无辎重则亡,无粮食则亡,无委积则亡。⑥

【句解】

① "军争为利"二句　　军争、众争：同义并举。不曰"军"而曰"众"者，变文以避复也。为：有。危：害，危险。二句说，"军争"存在有利的一面，也存在有害的一面，利与害同时存在。这两句提出本段的论点，以下以"举军"、"委军"为例进行论说。

　　《文子·微明》："祸与福同门，利与害同邻，自非至精，莫之能分。是故智虑者祸福之门户也，动静者利害之枢机也，不可不慎察也。"

　　《十一家注》张预曰："智者争之则为利，庸人争之则为危。明者知迂直，愚者昧之故也。"

② "举军而争利"二句　　举军：全军，指携带辎重（包括粮食、委积，犹今之所谓"后勤补给"）。争利：争取军事优势。多指争占有利地形，争取有利地位。不及：赶不上，是说行动迟缓而失去战机，即是"害"。委军：与"举军"对举，指放下辎重。委，舍弃，丢弃。辎重：指随军运载的军用器械、粮秣等。捐：放弃，舍弃。辎重丢弃而补给不继，也是"害"。这两句承上说，举军、委军都有"害"的一面。

③ "是故卷甲而趋"八句　　卷甲：卷起铠甲，形容轻装疾进。处：止。倍道：即兼行，一日走完两日路程，形容加倍速度赶路。擒：被擒。三将军：三军的主帅。劲者先，疲者后：强壮的士兵先到，疲累的士兵后到。谓士卒前后不相及、众寡不相恃。其法：指趋远争利的方法。十一而至：士卒十分之一到达战地，亦即死伤失踪者达十分之九。这八句承上说"举军"百里而争利之害。

　　《孙膑兵法·善者》："善者能使敌卷甲趋远，倍道兼行，倦病而不得息，饥渴而不得食。以此薄敌，战必不胜矣。"

④ "五十里而争利"三句　　蹶：挫败，失败。上将军：上军之将。古时行军，上军居前，上将军即先头部队的将领。三句承上说趋三十里而争利之害。

⑤ "三十里而争利"二句　　承上说"举军"三十里而争利之害。

⑥ "是故军无辎重则亡"三句　　委积：泛指财物、货物。三句承上说"委军"而争利之害。

　　《虎铃经·先谋》："欲谋守据，先谋储蓄。"
　　《诸葛亮集·便宜十六策·治军》："军以粮食为本。"
　　《尉缭子·战威》："委积不多则士不行。"

其实，举军有"不及"之害，同时也有"给养自足"之利；委军有"补给不继"之害，同时也有"轻装而趋"之利。如果利与害只知其一，便为害所困。如果知道利与害同时存在，以害求利，便能化害为利。

【韵语】

"军争为利,众争为危。"句中互韵:利、危,脂歌合韵;争、争,耕部。

"是故军无辎重则亡,无粮食则亡,无委积则亡。"三句韵之(○○○)式:三"亡"叠字韵,阳部。

【译文】

"军争"利中有害,害中有利。携带全部装备辎重、后勤补给去争利,就会因行军缓慢而赶不上,失去战机;放下全部装备辎重、后勤补给去争利,则会补给不继。因此,卷起铠甲,轻装疾行,日夜兼程,一天赶两天的路,到百里以外去争利,三军之将就可能被俘,刚劲有力之卒先到,疲惫瘦弱之卒掉队,结果是十分之一的士卒到达;到五十里以外去争利,上军之将遭挫败,结果是一半士卒到达;到三十里以外去争利,就只有三分之二的士卒到达。因此,军队没有辎重就战败,没有粮食就战败,没有财货就战败。(要是掌握住利与害相变的枢机,审时度势,灵活应变,就能避凶趋吉,化害为利。)

三

【原文】

故不知诸侯之谋者,不能豫交;不知山林、险阻、沮泽之形者,不能行军;不用乡导者,不能得地利。① 故兵以诈立,以利动,以分合为变者也。② 故其疾如风,其徐如林;侵掠如火,不动如山;难知如阴,动如雷震。③ 掠乡分众,廓地分利,悬权而动。④ 先知迂直之计者胜,此军争之法也。⑤

【句解】

本段讲军争中难与易的对立统一关系。军争的胜负,取决于平时对诸多条件的创造。平时修道、保法,由易"图难",战时才能化难为易。

① "故不知诸侯之谋者"六句　谋:谋略,计策。豫交:预先结交。应辨别敌友,结交诸侯。沮泽:水草丛生的沼泽地带。熟悉各种地形,才能行军。乡导:向导,带路的人。乡,同"向"。入人之国,有彼地之人作向导,才能得到地形上的便利。这三句说军争之始应了解敌国、熟悉地形、行军有向导。

《孙子校解引类》:"交诸侯者,一则恐其为敌之应也;二则恐其袭我之后也；三则恐迂途而行，为其阻截不得归也；四则可以假道也。"

《管子·小问》："桓公曰：'请问行军袭邑，举措而知先后，不失地利若何？'管子对曰：'用货察图。'"

②"故兵以诈立"三句　兵：用兵。以诈立：以变诈取胜。立，成也。以利动：以有利为行动原则。《左传·僖公二十二年》宋子鱼论战曰："三军以利用也（利则用之）。"以分合为变：以分而合、合而分的形式变化奇正。敌意为分，则我以合击之；敌意为合，则我分而击之。这三句说，将领要有丰富的指挥作战经验。

《韩非子·难一》：晋舅犯曰："战阵之间，不厌诈伪。"

《太白阴经·作战》："夫未见利而战，虽众必败；见利而战，虽寡必胜。利者，彼之所短，我之所长也。见利而起，无利则止。见利乘时，帝王之资。"

《六韬·奇兵》："不能分移，不可以语奇。"

《李卫公问对》卷中："兵散，则以合为奇；合，则以散为奇。"

③"故其疾如风"六句　其：指军队。疾如风：谓进击之时，迅疾如风。徐如林：谓缓进之时，行列如林，齐肃不乱。《司马法·严位》："行慎行列。"侵掠如火：谓入侵之时，如火烈烈，莫能抵御。不动如山：谓坚守之时，如山岳之持重，不可动摇。难知如阴：谓隐蔽之时，如阴云蔽天，不可窥测。动如雷震：谓出击之时，如迅雷忽击，敌不知所避。这六句说，部队训练有素，能出色完成各种战斗任务。

《吴子·应变》："进如风雨。"

《尉缭子·兵谈》："重者如山如林。"

《尚书·盘庚上》："若火之燎于原，不可向迩，其犹可扑灭？"

《管子·七法》："动之如雷电。"

④"掠乡分众"三句　掠乡：抄掠敌乡邑的谷物。分众：分给兵众，以充军饷。廓地：扩张疆土，即攻入敌国。分利：分兵防守要害之地，一说以土地分封贤者，一则市恩，一则削弱敌国根基。悬权：悬挂秤砣，比喻衡量利害得失。一攻入敌国就能稳定军心、巩固成果，这是说将帅的军政有方。

《孙膑兵法·五名五恭》："兵有五恭、五暴。何谓五恭？入境而恭，军失其常。再举而恭，军无所粮。三举而恭，军失其事。四举而恭，军无食。五举而恭，军不及事。入境而暴，谓之客。再举而暴，谓之华。三举而暴，主人惧。四举而暴，卒士见诈。五举而暴，兵必大耗。故五恭、五暴，必使相错也。"

《黄帝四经·经法·国次》："故圣人之伐也，兼人之国，堕其城郭，焚其钟鼓，布其资财，散其子女，裂其地土，以封贤者，是谓天功。功成不废，后不逢殃。""夺而无予,国不遂亡。不尽天极,衰者复昌。"

⑤ "先知迂直之计"二句　　计:汉简本作"道",义同,均指"策略"。法:法则。这两句收束上文,意谓平时修道保法由易"图难"的人战时易于获胜,这是"军争"的法则。

【韵语】

"故不知诸侯之谋者,不能豫交;不知山林、险阻、沮泽之形者,不能行军;不用乡导者,不能得地利。"三句韵之(×○○)式:交,宵部,不韵;军、利(脂、微不分),文微通韵。

"故其疾如风,其徐如林;侵掠如火,不动如山;难知如阴,动如雷震。"二句一转韵:风、林、侵部;火、山,微元合韵;阴、震,侵文合韵。

"掠乡分众,廓地分利,悬权而动。"三句韵之(○×○)式:利,脂部,不韵;众、动,冬东合韵。

【译文】

(军争之先)不了解诸侯的谋略意图,就不能与之预先结交;不熟悉山林、险阻、沮泽等地形,就无法行军;不用敌方乡土之人作向导,就不能得到地形上的便利。(将领有丰富的作战经验:)用兵以变诈取胜,以"利"为行动的原则,以兵力分合来变化奇正。(士卒能出色完成各种战斗任务:)进击如风,疾而无踪;缓行如林,森然不乱;侵掠敌国,如火烈烈,莫能遏止;坚守战阵,如山如岳,莫能摇撼;隐蔽之时,如阴云遮天,莫能窥测;陷阵摧敌,如迅雷忽击,不可规避。(统帅有方:)抄掠乡邑犒劳兵众,占领敌境把守要害,权衡利害而后行动。先知以迂为直策略的人易于获胜(平时修道保法由易"图难"的人易于获胜),这是军争的法则。

四

【原文】

《军政》曰:"言不相闻,故为之金鼓;视不相见,故为之旌旗。"①夫金鼓旌旗者,所以一人之耳目也;人既专一,则勇者不得独进,怯者不得独退,此用众之法也。②故夜战多金鼓,昼战多旌旗,所以变人之耳目也。③

【句解】

善用常法者常变而常新,金鼓旌旗之用即是其例。

① "《军政》曰"五句　　《军政》:古兵书,已佚。《左传》所引用的《令典》、《军志》大约与《军政》同类,都是春秋时代流传的有指导性的兵书。言不相闻:是说士卒人多,将军发布号令听不着。金鼓:泛指金属制乐器和鼓,此用于指挥军队。视不相见:是说阵地辽远,将军的指挥动作看不见。"故为之金鼓"、"故为之旌旗",十一家注本两"为"下皆无"之"字,四句为整齐的四言句,当从之删去。这五句以《军政》为证,说军中开始设置金鼓旌旗的缘由——指挥士卒作战。

> 《管子·兵法》:"三官:一曰鼓,鼓所以任也,所以起也,所以进也;二曰金,金所以坐也,所以退也,所以免也;三曰旗,旗所以立兵也,所以制兵也,所以偃兵也。"

> 《孙膑兵法·官一》:"辨疑以旌舆,申令以金鼓。"

② "夫金鼓旌旗者"六句　　一:齐一。耳目:犹"视听"。"所以一人之耳目也",是用来使士卒视听齐一的信号。专一:专心合力,由视听齐一而专心合力,由专心合力而进退如一,所以说"勇者不得独进,怯者不得独退"。用众:指挥士卒作战。用指挥信号使士卒专心合力,进退如一,战则必胜,故曰"此用众之法也"。这六句说,以金鼓、旌旗为指挥信号具有显著的作战功效。

> 《司马法·定爵》:"物既章,目乃明;虑既定,心乃强。"

> 《吴子·应变》:"凡战之法,昼以旌旗幡麾为节,夜以金鼓茄笛为节。麾左而左,麾右而右。鼓之则进,金之则止。一吹而行,再吹而聚,不从令者诛。三军服威,士卒用命,则战无强敌,攻无坚陈矣。"

③ "故夜战多金鼓"三句　　故:连词,表承接上文,可译为"于是"。多:以少充多,夜多设金鼓以声疑敌,昼多设旌旗以形疑敌。变:乱也。"变人之耳目",扰乱敌人的视听,使敌人无法知晓我之众寡虚实,这就是"多设金鼓,多设旌旗"所要达到的目的。这三句说,金鼓、旌旗由指挥士卒作战的信号变为欺敌误敌的工具。

> 《六韬·动静》:"多其旌旗,益其金鼓。战合,鼓噪而俱起。敌将必恐,其军必骇,众寡不相救,贵贱不相待,敌军必败。"

> 《诸葛亮集·将苑·战道》:"多张旗帜以惑之。""或多火鼓,以乱其耳目。"

> 《草庐经略·形人》:"示之以强者,古之人或昼则多旌旗,夜则多火鼓。或增灶以示众,或量沙以示足;或左实右伪,疏阵以疑敌;或曳柴扬尘,循环以恐敌。使之欲守而惧难保,欲进而不敢前;未战而先奔,务此而失彼。我

以守则固，以战则胜矣。此形人之效也。"

一种作战方法出现之后仍随形势变化而不断变化，应当变而不去变，就会失去活力。所以善用迂直之计者应知常识变，不固守一隅。

【韵语】

《军政》曰："言不相闻，故为金鼓；视不相见，故为旌旗。"两韵互协：鼓、旗、鱼之合韵；闻、见，文元合韵。金鼓，汉简本作"鼓金"、《通典》等引作"鼓铎"，均失韵，不可从。

"故夜战多金鼓，昼战多旌旗，所以变人之耳目也。"句中叠字互韵：鼓、旗、鱼之合韵；战、战，元部。

【译文】

兵书《军政》说："传令的声音听不见，所以军中设置钟鼓；指挥的动作看不见，所以军中设置旌旗。"钟鼓、旌旗，是用来使士卒视听齐一的信号；士卒专心合力、进退如一了，勇者就不能独进，怯者就不能独退，这是指挥士卒作战的方法。于是夜战增多钟鼓（以声疑敌），昼战增多旌旗（以形疑敌），这是用来扰乱敌人视听的方法。

五

【原文】

三军可夺气，将军可夺心。①是故朝气锐，昼气惰，暮气归；②善用兵者，避其锐气，击其惰归，此治气者也。③以治待乱，以静待哗，此治心者也。④以近待远，以佚待劳，以饱待饥，此治力者也。⑤无邀正正之旗，勿击堂堂之陈，此治变者也。⑥

【句解】

攻战之法的灵魂是权术，一种攻战之法便是一种迂直之计，治气、治心、治力、治变即是例子。

①"三军可夺气"二句　夺：挫折，动摇。气：锐气，勇气，即士气。心：决心。"三军可夺气，将军可夺心"，两语似平而实侧，意思说夺三军之气，可夺将军

之心。将军所赖以战斗的是士卒,士卒所赖以战斗的是士气,士气是三军的"命门"。所以善战者先夺其士气,将亦夺心,敌三军即随之瘫痪。这两句概说治气的效应。

《尉缭子·攻权》:"将帅者心也,群下者支节也。"《战威》又曰:"夫将之所以战者民也,民之所以战者气也。气实则斗,气夺则走。"

《太白阴经·沉谋》:"夫竭三军气,夺一将心,疲万人力,断千里粮,不在武夫行阵之势,而在智士权算之中。"

② "是故朝气锐"三句　　锐:锐盛。惰:懈怠。归:息,竭尽的意思。朝、昼、暮:日出、日中、日没,犹言始、中、终也。士气始则锐盛,久则懈怠,终则衰竭,是说士气具有一条随时间推移而消长的变化规律。

③ "善用兵者"四句　　善用兵者:依《十一家注》本当补"故"字,即"故善用兵者"。避其锐气、击其惰归:谓避开敌军锐气,待其锐气衰竭而后击之,易于"夺气"。——不是以锐击锐,而是避其锐而击其惰归,这便是迂直之计。治气:掌握军队士气。这四句承上文讲调控士气的方法,亦即"治气"中的迂直之计。

《左传·庄公十年》:曹刿论战曰:"一鼓作气,再而衰,三而竭。彼竭我盈,故克之。"

《吕氏春秋·决胜》:"夫民无常勇,亦无常怯。有气则实,实则勇;无气则虚,虚则怯。怯勇虚实,其由甚微,不可不知。""怯勇无常,倏忽往来,而莫知其方,惟圣人独见其所由然。"

④ "以治待乱"三句　　治:严整。《吴子·治兵》:"所谓治者,居则有礼,动则有威,进不可当,退不可追,前却有节,左右应麾,虽绝成陈,虽散成行。"待:抵御。乱:混乱。静:镇静。《十一家注》杜牧曰:"安静坚固,不为事挠,不为利惑。"哗:轻躁。以下文字采用所谓"蒙上文而省"的修辞手法,即承袭"避其锐气而击其惰归"的语意,而删繁就简、调整文句。所以,"以治待乱,以静待哗"二句的意思是说,使敌人由严整、镇静变为混乱、轻躁,而后我以严整、镇静之卒击败他。——不是直接以治静击治静,而是使敌变为乱、哗而后击败他,这便是"治心"之中的迂直之计。治心:掌握人心,征服人心。此治心者也:这是调控敌我士卒心理的方法。

《淮南子·兵略训》:"静以合躁,治以待乱,无形而制有形,无为而应变,虽未能得胜于敌,敌不可得胜之道也。"又曰:"虎豹不动,不入陷阱;麋鹿不动,不离置罘;飞鸟不动,不絓网罗;鱼鳖不动,不摄唇噱。物未有不以动而制者也。是故圣人贵静。"

⑤ "以近待远"四句　　使敌由近便、安逸、饱食变为迂远、疲劳、饥饿,而后

我以近便、安逸、饱食之卒击败它。对敌我军力如此调控，即是"治力"之中的迂直之计。

《司马法·严位》："凡战，击其倦劳，避其闲窕。"

《孙膑兵法·善者》："我饱食而待其饥也，安处以待其劳也，正静以待其动也。故民见进而不见退，蹈白刃而不还踵。"

⑥"无邀正正之旗"三句　　无：毋，不要。邀：迎击。正正：严整貌。"正正之旗"，指严整的队列。堂堂：盛大貌。陈：同"阵"。"无邀正正之旗，勿击堂堂之陈"，意谓不要拦击训练有素的行进之敌，不要攻打配备充实的敌阵，一旦对方暴露出致命的弱点，便乘机制服他。治变：掌握机动变化的方法。此治变者也：这是掌握机变的原则，即是说，这是"治变"之中的迂直之计。

《吴子·料敌》："不如敌人，避之勿疑，所谓'见可而进，知难而退'也。"

《淮南子·兵略训》："善用兵者，当击其乱，不攻其治，是（'是'衍字，杨树达《淮南子证闻》说，下同）不袭堂堂之寇，不击填填（填填，当作'正正'）之旗。容（敌之真相）未可见，以数（权术）相持；彼有死形，因而制之。"

【韵语】

"是故朝气锐，昼气惰，暮气归。"三句韵之（×○○）式：锐，月部，不韵；惰、归，歌微合韵。

"善用兵者，避其锐气，击其惰归，此治气者也。"句首、句中互韵：气、归，物微通韵；避、击，锡部；锐、惰，月歌通韵。

"以治待乱，以静待哗，此治心者也。"二句协韵：乱、哗，元鱼合韵。

"以近待远，以佚待劳，以饱待饥，此治力者也。"三句韵之（○×○）式：劳，宵部，不韵；远、饥，元微合韵。

"无邀正正之旗，勿击堂堂之陈，此治变者也。"旗（之部）、陈（真部），不韵。《淮南子·兵略训》引作"不袭堂堂之寇，不击填填（正正）之旗"（见上引），寇、旗，侯之合韵。（《楚辞·九章·惜往日》："闻百里之为虏兮，伊尹烹于庖厨。吕望屠于朝歌兮，宁戚歌而饭牛。不逢汤武与桓缪兮，世孰云而知之。"侯之合韵，例见王力《楚辞韵读》，49页。）如是，则与上治气、治心、治力三节相一致，均为韵语。《淮南子》所引或有所本。

【译文】

夺三军的士气，可夺将军的心志。由于士气初始锐盛，稍久即懈怠，过久就衰竭；所以善用兵的人，使敌由锐盛变为懈竭，而后以我之锐盛击彼之懈竭,这是调控士气的方法。使敌由严整、镇静变为散乱、轻躁,而后以我严整、镇静之卒击败他,这是掌控军心的方法。使敌由近便、安逸、饱食变为迂远、疲劳、饥饿,而后以我近便、安逸、饱食之卒击败它,这是调控军力的方法。不要拦击旗帜整齐之敌军,不要攻击实力雄厚之敌阵,一旦对方暴露出致命的弱点,便乘机制服它,这是掌握机动变化的原则。

六

【原文】

　　故用兵之法：①高陵勿向,背丘勿逆,②佯北勿从,锐卒勿攻,③饵兵勿食,归师勿遏,④围师必阙,穷寇勿迫。⑤此用兵之法也。⑥

【句解】

　　相反的用兵法则有时相互转化,如"不战"可达到"战胜"的目的。
　　① "故用兵之法"句　　故：句首语气助词,与"夫"相当,表议论的开始。
　　② "高陵勿向"二句　　高陵：高山丘,指踞于高山丘之敌,其优势是有利于攻守。向：仰攻。背丘：指背靠山陵之敌,其优势是无后患。逆：迎战,迎击。我不"向"不"迎",就能叫敌军的地形优势"泡汤",战术目的落空,"陵"与"丘"成为捆缚敌人手脚的绳索。"以战胜为善战"是常法,"以不战为善战"是变法。在一定形势之下必须采用变法。自此以下以八个采用变法的例子,说明迂直之计在遵守用兵法则中的指导作用。

　　　《司马法·用众》："凡战,背风背高。"
　　　《孙膑兵法·地葆》："迎陵,不胜。"

　　③ "佯北勿从"二句　　佯北：假装败退之敌。从：跟踪追击。佯北者必有诈,设奇伏邀击我兵,故不可"从"。锐卒：精锐的士卒。"千里远斗,其锋莫当"(《十一家注》陈皞曰),故"勿攻"。

　　　《李卫公问对》卷上："《法》曰'佯北勿追',又曰'能而示之不能',皆奇之谓也。"
　　　《孙子·军争》："避其锐气,击其惰归。"

　　④ "饵兵勿食"二句　　饵兵：诱敌就范的小部队。诱兵如鱼饵,食则上钩,

落入敌人圈套,所以"勿食"——不战取之也。归师:退归本国的军队。遏:止,截留的意思。归师者人怀回归之心,人自为战,若截留使不得去,伤亡必重,故"勿遏"。

⑤ "围师必阙"二句　　阙:同"缺",留缺口。"必阙",汉简本作"遗阙",大意相同。被围之敌借"围"以激励士气,我留缺口以示生路,釜底抽薪,可使敌无必死之心。穷寇:处于绝境的敌人。勿迫:不要逼迫。穷寇有必死之志,逼迫之则是坚其志,故"勿迫"。又,迫、铎部,不韵;樱田本作"逼",协韵,可从。

《尉缭子·兵教下》:"凡围必开其小利,使渐夷弱,则节吝有不食者矣。"

《汉书·赵充国传》:"充国曰:穷寇不可迫也。缓之则走不顾,急之则还致死。"

⑥ "此用兵之法也"句　　此:指上八"不战"之例。此句收束上文说,"以不战为善战"是用兵的法则。

【韵语】

"故用兵之法:高陵勿向,背丘勿逆,佯北勿从,锐卒勿攻[1],饵兵勿食,归师勿遏,围师必阙,穷寇勿迫(逼)[2]。此用兵之法也。"1. 二句一转韵:向、逆,阳铎通韵;从、攻,东部。2. 包韵:食、逼,职部;遏、阙,月部。

【译文】

用兵的法则是:踞于高山之敌不要仰攻,背靠山陵之敌不要迎击,佯退之敌不要跟踪,精锐之师不要攻打,诱兵不要战取,归师不要截击,包围敌军不要堵死,遭遇穷寇不要紧迫。"以不战为善战"是用兵的法则。

九变第八

"九",虚数,多也;"变",通变。本篇讲为了防止失误、保守优势,用兵要多方通变。作战方法与策略原则随着空间、时间上的情况变化而变化,所以用兵有常法(如"衢地合交"),也有变法(如"君命有所不受");随着新情况的不断出现,常法与变法的内容不断变化,新的措施也必须不断调整(通变)。用兵者如果知常识变,用其所当用,常法、变法都能避害趋利;要是不能知常识变,用非所当用,常法、变法都会带来祸难。所以,用兵者应该掌握获取通变之利的方法,常将进退、利害、存亡等各种对立面结合起来,权衡抉择,用其所当用,使作战方法与策略原则保持"随时之中"的状态,而具有主宰全局的力量。例如:调和利与害这对立的两端,泄其过而补其不足,使居利与处危之时都占有优势;军事外交策略在各个具体时段上随时应变,用其所当用,在全时程上才能赢得争霸的主动权;"预为之谋"是通变的关键,以它为用兵的法则,才能确保随时应变的主动权;将领知道实践"五德"的应变之道,防止过与不及,才不会因小失大。全篇的中心论题是通变之利及获取通变之利的方法。

清刘熙载《艺概·文概》曰:"章法不难于续而难于断。先秦文善断,所以高不可攀。然'抛针掷线',全靠眼光不走;'注坡蓦涧',全仗辔辔在手。明断,正取暗续也。"《九变》正是一篇"明断"而"暗续"的先秦古文。

—

【原文】

孙子曰:凡用兵之法,将受命于君,合军聚众,①圮地无舍,衢地合交,绝地无留,围地则谋,死地则战;②途有所不由,军有所不击,城有所不攻,地有所不争,君命有所不受。③故将通于九变之利者,知用兵矣;④将不通九变之利,虽知地形,不能得地之利矣;⑤治兵不知九变之术,虽知五利,不能得人之用矣。⑥

【句解】

①"凡用兵之法"三句　　首见于《军争》篇,重见于此,《孙膑兵法·延气》篇

亦有"合军聚众"一句。语句重见者不独本篇。又《军争》篇有"故不知诸侯之谋者,不能豫交;不知山林、险阻、沮泽之形者,不能行军;不用乡导者,不能得地利"等句,亦重见于《九地》篇。古本由口头流传到定本成书的过程中,整理者把当时某些流行的简括的片语,视为套语,用于多篇文章。在不同篇章里,片语的文句虽然相同,但它已与各篇章的内容融合为一体,各有新义,不应视之为"错简"。

②"圮地无舍"五句   圮:东楚人谓桥为"圯",此"圮"是"圯"之误。圮,毁也。圮地:指山林、险阻、沮泽之类难以通行之地。无舍:勿驻营。衢地:四通八达之地。合交:结交诸侯。绝地:无水草粮食之地。无留:不可停留。围地:四面险阻易被包围之地。谋:出奇谋脱险。死地:退无后路之地。战:殊死作战。五句讲的是五种作战的常法。常法凝聚前人的成功经验,所以正常情况下用常法有利。

③"途有所不由"五句   一、道有险隘,为避免"邀伏"之害,所以变"有途必由"为"途有所不由"。二、我弱彼强,我曲彼直,为避免以劣势击优势而覆败,所以变"有军必击"为"军有所不击"。三、拔之不能守,委之亦不为患,为避免"杀士卒三分之一"的攻城之灾,所以变"有城必攻"为"城有所不攻"。四、"小利之地,方争而失之"(曹操曰),为避免得不偿失,所以变"有地必争"为"地有所不争"。五、见机而行,有利而动,所以变"有君命必受"为"君命有所不受"。这五句讲的是五种作战的变法,与上文五种常法相对应。常法与变法相互变化,这是通变,即"九变";常法与变法随时应变,用其所当用,能发挥军队的战斗力与有利于用兵,这是通变之利,即"九变之利"。

> 《虎钤经·逆用古法》:"举兵用武,率以古法为用,执之,与胶柱鼓瑟无异尔,未见决中者也。兵家之利,利在变通之机,观其逆顺。""是以兵法如车之载其物,则车之转者由轮也,及有车之用,则东西南北者,由人也,故兵法不可执而用之也明矣。"

④"故将通于九变之利者"二句   通:达也,懂得。九变之利:《十一家注》本作"九变之地利",衍"地"字。知此理方可用兵,故曰知此理者"知用兵矣"。

⑤"将不通九变之利"三句   进一层说,不懂九变之利,不仅不知用兵,即使了解地形也不能获得地形之利。

⑥"治兵不知九变之术"三句   九变之术:指获取九变之利的方法。术,法也。五利:指上文列举的五种常法之利、五种变法之利。不能得人之用:不能发挥军队的作用。只知几种九变之利的例子而不知获取九变之利的方法,仍然不懂掌握通变的规律,所以说"不能得人之用"。这三句更进一层说,要掌握通变的规律,不仅要知道九变之利,还必须知道获取九变之利的方法。

【韵语】

"圮地无舍,衢地合交,绝地无留,围地则谋,死地则战。"包韵:舍、战,鱼元合韵;中间三句以三句韵之(×○○)式协韵:交,宵部,不韵;留、谋,幽之合韵。

"途有所不由,军有所不击,城有所不攻,地有所不争,君命有所不受。"包韵:由、受,幽部。中间三句以三句韵之(○×○)式协韵:攻,东部,不韵;击、争,锡耕通韵。

【译文】

孙子说:用兵的法则是主将接受君主的命令,组编、调集军队,在"圮地"不要驻营,在"衢地"要结交邻国,在"绝地"不要停留,在"围地"就要出奇计脱险,在"死地"就要决一死战,这是常法。必经之路有时不走,交战之敌有时不打,城邑有时不攻,战地有时不争,君主的命令有时不听,这是变法。主将要是懂得"九变"之利——常法与变法随时应变而有利于用兵,算是懂得用兵了;主将要是不懂得"九变"之利,即使了解地形,也不能获取地形之利。治理军队要是不懂得获取"九变"之利的方法,即使了解上述五种常法之利、五种变法之利,也不能发挥军队的战斗作用。

二 之 一

【原文】

是故智者之虑,必杂于利害。① 杂于利,而务可信也;杂于害,而患可解也。②

【句解】

① "是故智者之虑"二句　智者:有识之士。虑:思考问题。杂:调济、参和的意思。利、害:处于有利之时,人容易产生"勇"与"轻战"的心理;处于危难之时,人容易产生"怯"与"慎战"的心理。杂于利害,是将利与害两端调和起来,泄其过而补其不足,从而筹划出"适中"的亦即作战效率最好的策略。这样做即所谓"叩其两端,而用其中"。《十一家注》曹操注"在利思害,在害思利"的"思"字,正是调济、参和的意思。

② "杂于利"四句　杂于利:处危思利。务:事。信:申也,实现。处于危境的"慎战",经过与"轻战"调济、参和,没有"怯"之弊而具有进取性,这才是真正

的"慎战",所以"务可信也",事情就可以顺利办成。杂于害:居利思危。患:祸患。解:解除。处于有利境地的"勇",经过与"怯"调济、参和,没有"轻战"之弊而多了一分冷静沉着,这才是真正的"勇",所以"患可解也",祸患就可以解除。

《司马法·严位》:"人有胜心,惟敌之视;人有畏心,惟畏之视。两心交定,两利若一。两为之职,惟权视之。"

《刘子·利害》:"人皆知就利而避害,莫知缘害而见利;皆识爱得而憎失,莫识由失以至得。有知利之为害,害之为利,得之成失,失之成得,则可与谈利害而语得失矣。""是以智者见利而思难,闇者见利而忘患。思难而难不至,忘患而患反生。"

将利与害对立的两端调和起来,泄其过而补其不足,结果居利与处危都占有优势。这是获取九变之利的方法。

【译文】

有识之士思考问题,一定居利思危,处危思利,将利与危加以调济,泄其过而补其不足。处于危境的"慎战",没有"怯"之弊而具有进取性,成为真正的"慎战",所以事情就可以顺利办通;处于有利境地的"勇",没有"轻战"之弊而多了一分冷静沉着,成为真正的"勇",所以祸患就可以解除。

二 之 二

【原文】

是故屈诸侯者以害,①役诸侯者以业,②趋诸侯者以利。③

【句解】

① "是故屈诸侯者以害"句　害:伤害,谓伤害其要害(《十一家注》曹操曰:"害其所恶也。")。"屈诸侯者以害",以害使诸侯屈,意思是以伤害其要害为手段而使诸侯屈服。在某一时段上诸侯的要害暴露出来而又无法自救,我即乘虚而入,这是随时应变、用其所当用。

② "役诸侯者以业"句　役诸侯:劳役诸侯,使不得安逸。业:事也,"韩人令秦凿渠之类是也"(《十一家注》杜佑曰)。秦王政初年,韩国派水利专家郑国做间谍,入秦建议开辟泾水,修造三百里的沟渠,借以缓和秦国对韩国的侵略(《史记·河渠书》)。在某一时段上引诱或鼓动诸侯做劳民伤财、消耗国力的事业,借

以劳役诸侯,使不得安逸,这也是随时应变、用其所当用。

③"趋诸侯者以利"句　利:利诱。趋:归也,附也,使其归附的意思。《十一家注》杜牧曰:"使自来至我也。"在某一时段上诸侯急于求利,我即以利引诱使之归附于我,这也是随时应变、用其所当用。

诸侯争霸的历程曲折多变,在各个具体时段上随时应变、用其所当用,在全时程上才能赢得争霸的主动权。这是获取九变之利的方法。

【译文】

争霸之事见机而行,或以伤害其要害为手段而使诸侯屈服,或以劳民伤财之事劳役诸侯,或以小利为诱饵使诸侯归附于我,恩威并施,在全时程上才能赢得争霸的主动权。

二 之 三

【原文】

故用兵之法:无恃其不来,恃吾有以待之;无恃其不攻,恃吾有所不可攻。

【句解】

用兵之法:用兵的法则。无:同"毋",不要,禁止之词。恃:依赖。其:指敌人。有以待之:当从十一家注本作"有以待也"。有以待:有所备。有所不可攻:有不可攻破的力量。五句以禁戒的语气总结说,用兵不能无备而必须有备,这是一条用兵法则。

《诗·豳风·鸱鸮》:"迨天之未阴雨,彻彼桑土,绸缪牖户。今女下民,或敢侮予。"

《礼记·中庸》:"凡事豫则立,不豫则废。言前定则不跲,事前定则不困,行前定则不疚,道前定则不穷。"

《黄帝内经·四气调神大论篇第二》:"是故圣人不治已病,治未病,不治已乱,治未乱,此之谓也。夫病已成而后药之,乱已成而后治之,譬犹渴而穿井,斗而铸锥,不亦晚乎?"

以"预为之谋"为用兵的法则,才能确保实施"随时应变"的主动权。这是获取九变之利的方法。

【韵语】

"故用兵之法：无恃其不来，恃吾有以待之；无恃其不攻，恃吾有所不可攻。"二句一转韵：来、待，之部；攻、攻，东部。

【译文】

用兵的法则是：不要指望敌人不来，而依靠自己有所准备；不要指望敌人不进攻，而依靠自己有不可攻破的力量。

二 之 四

【原文】

故将有五危：必死，可杀；必生，可虏；忿速，可侮；廉洁，可辱；爱民，可烦。①凡此五者，将之过也，用兵之灾也。覆军杀将，必以五危，不可不察也。②

【句解】

①"故将有五危"十一句　危：败也。"五危"，五败，五条致败之路。一、必：专也，偏执。死：敢死。敢死本是"勇"的表现，而至于偏执，沦为愚勇，故被诱杀（"可杀"）。这是不知随时应变而以"怯"相济之过。二、生：保全生命。保全生命本是"智"的表现，而至于偏执，沦为贪生，故被俘获（"可虏"）。这是不知随时应变而以"愿"相济之过。三、"忿速"、"廉洁"、"爱民"承上"必死、必生"而省"必"字，本意是"必忿速"、"必廉洁"、"必爱民"。忿速：忿怒急躁。急躁易怒本是"信"过了头，而至于偏执，沦为狷急易动，故被欺弄（"可侮"）。这是不知随时应变而以"简"相济之过。四、廉洁：不贪财货、立身清白，本是"严"的表现，而至于偏执，沦为自矜名节，故被污辱（"可辱"）。这是不知随时应变而以"宽"相济之过。五、爱民：本是"仁"的表现，而至于偏执，沦为柔弱寡断，故被劳困（"可烦"）。这是不知随时应变而以"忍"相济之过。十一句说实践"五德"而不知随时应变，势必偏执一端而转入反面，由求胜而走向致败之路。固执一隅的错误思维方式，古人是十分警惕的。

《易·文言》："'亢'之为言也，知进而不知退，知存而不知亡，知得而不知丧。其唯圣人乎！知进退、存亡而不失其正者，其唯圣人乎！"

《孟子·尽心上》："执中无权（执中而不知随时应变），犹执一也。"

《文子·自然》:"夫守一隅而遗万方,取一物而弃其余,即所得者寡,而所治者浅矣。"

《司马法·定爵》:"唯仁有亲,有仁无信,反败厥身。"又《严位》:"上同无获,上专多死,上生多疑,上死不胜。"

《淮南子·兵略训》:"将军之心,滔滔如春,旷旷如夏,湫漻如秋,典凝如冬,因形而与之化,随时而与之移。"

《诸葛亮集·将苑·将刚》:"善将者,其刚不可折,其柔不可卷,故以弱制强,以柔制刚。纯柔纯弱,其势必削,纯刚纯强,其势必亡;不柔不刚,合道之常。"

②"覆军杀将"三句　　覆军杀将:使军队覆灭、将领被杀。此三句为上文作结。

将领知道实践"五德"的应变之道,防止过与不及,才不会转入反面、因小失大。这是获取九变之利的方法。

【译文】

将领有五败:勇而轻死,会被诱杀;智而贪生,会被俘获;信而易怒,会被欺弄;严而自矜名节,会被污辱;仁而不忍,会被劳困。以上五条,是将领的过失,是用兵的灾害。军队覆没,将领身死,必由五败所致,这是不可不认真考虑的。

行军第九

"行",行列、阵势,指行军布阵,或简称行阵;"军",屯也,指驻扎。"行军",军队的行阵与驻扎。本篇最精彩之处是连带讲了侦察判断敌情与对部队的管理训练。军队行阵与驻扎的成败,取决于对敌情的侦察判断与对部队的管理训练;在此背景之下来考察,侦察判断敌情与部队的管理训练在整个战局中的地位和作用,就显得格外显著和重要。本篇论述"行军"的要略:一、军队的行阵与驻扎要得法;二、侦察判断敌情要正确;三、士卒的管理训练要得当。

一

【原文】

孙子曰:凡处军、相敌:①绝山依谷,视生处高,战隆无登,此处山之军也。②绝水必远水;客绝水而来,勿迎之于水内,令半济而击之,利;欲战者,无附于水而迎客;视生处高,无迎水流,此处水上之军也。③绝斥泽,唯亟去无留;若交军于斥泽之中,必依水草而背众树,此处斥泽之军也。④平陆处易,右背高,前死后生,此处平陆之军也。⑤凡此四军之利,黄帝之所以胜四帝也。⑥

【句解】

①"凡处军、相敌"句　　处:处置、部署的意思。处军:部署军队行阵、驻扎。相:察也。相敌:侦察判断敌情。此句总说处军、相敌,下文单提"处军"之法。

②"绝山依谷"四句　　绝山:越过山险。依谷:依附山谷而阵。绝山依谷,一则利水草,一则附险固也。视:犹"向"。生:阳,指可战可守、能进能退的开阔地形。处高:驻守高地。战隆:(与敌)战于高地。无登:勿仰攻。

《六韬·奇兵》:"处高敞者,所以警守也。保险阻者,所以为固也。"

《孙膑兵法·地葆》:"迎陵,不胜。"

《虎钤经·军谋》："中陵之战,不仰高。"

③ "绝水必远水"九句　　绝:渡也。远水:离水边驻扎。绝水而远水,一则引敌使渡,一则我进退无碍。客:指来攻之敌。内:同"汭",水边。半济:半渡。一半在陆地,一半在水里,击之易败故也。附:靠近。无迎水流:意谓不要在敌军下游驻扎。在下游驻扎,敌顺流攻我易,我逆流攻敌难,且敌决水、投毒,我则受害矣。

《左传·僖公二十二年》:宋公与楚人战于泓,司马子鱼曰:"彼众我寡,及其未既济也,请击之。"

《孙膑兵法·地葆》:"逆流,不胜。"

④ "绝斥泽"五句　　斥泽:大沼泽地。唯:乃,即。亟:急。交军:两军交战。依水草:便于采樵汲水。背众树:以为险阻。

《吴子·应变》:"遇诸丘陵、林谷、深山、大泽,疾行亟去,勿得从容。"

《孙膑兵法·地葆》:"迎众树者","不胜"。

⑤ "平陆处易"四句　　平陆:平原。易:宽广平坦的地域。右:指右翼。"夫人利用,皆便于右"(《十一家注》李筌曰),所以右翼是军阵的主要侧翼。背高:后背高地以为依托。我右翼士卒从高地向敌左侧冲击,"战便也"(《十一家注》曹操曰),所以古兵家都主张右翼背高以为依托。死:下。生:高。前低后高,便于冲击。

《司马法·用众》:"凡战,右高左险。"汉简《孙子兵法》佚文《地形二》:"右负丘陵,左前水泽。"

《兵经百字·住》:"住军必后高前下。"

《兵诀评》:"平陆之地,坦易可以驰突,处军于此,宜右背高阜以为形势,前低后高以便奔击。"

⑥ "凡此四军之利"二句　　四军:指上述山、水、斥泽、平陆四种部署军队原则。黄帝:传说是中原各族的共同祖先。据《史记·五帝本纪》记载,黄帝姓公孙,名轩辕,其时神农氏的势力衰微,面对诸侯残害百姓而无力征讨。于是,轩辕修明政治,安抚百姓,率领以熊、罴、貔、貅、貙、虎为图腾的部落兵众,与炎帝战于阪泉之野而胜之,与蚩尤战于涿鹿之野而擒之。诸侯尊之为天子。四帝:据汉简《孙子兵法》佚文《黄帝伐赤帝》的说法,四帝指赤帝、青帝、黑帝、白帝。赤,南方色也;青,东方色也;黑,北方色也;白,西方色也。所以,战胜赤帝、青帝、黑帝、白帝,即是战胜南、东、北、西四方部落联盟首领。这两句说,"四军"是黄帝所制定的战胜四帝的部署军队原则。

【原文】

凡军好高而恶下，贵阳而贱阴，养生处实，军无百疾，是谓必胜。①丘陵隄防，必处其阳而右背之。②此兵之利，地之助也。

【句解】

①"凡军好高而恶下"五句　　好：喜。高：高爽。下：卑湿。阳：东、南方。阴：西、北方。贵阳而贱阴，意为重视向阳之处，厌恶阴暗之地。周人开国之祖公刘，从邰迁豳的创业过程中，寓兵于农，安置民众的居所就注意"相阴阳"：《诗·大雅·公刘》："笃公刘，既溥既长，既景迺冈，相其阴阳。观其流泉，其军三单。"养生：便于水草生长之地；畜养生物。处实：利粮道也（《十一家注》梅尧臣曰）。百疾：各种疾病。按：五句似是文义不贯，其实采用了"省句"式修辞手法，其文句当云："凡军好高而恶下……军无百疾；军无百疾，是谓必胜。"为避免重复，所以省去"军无百疾"一句（这种修辞方式叫"省句"，说见杨树达《古书疑义举例续补·省句例》）。此六句强调了"军无百疾"，意思说按地形部署军队必须保证"军无百疾"，这是争取胜利的必要条件。

《刘子·言菀》："阳气主生，物所乐也；阴气主杀，物所憾也。"

《兵经百字·住》："住军必后高前下，向阳背阴，养生处实，水火无虑，运接不阻，进可以战，退可以守，有草泽流泉，通达樵牧者则住。"

②"丘陵隄防"二句　　丘陵：小山。隄防：堤坝。这两句强调"处其阳而右背之"是处军原则，小山、坝岸亦不例外。

《吴子·应变》："背大险阻，右山左水。"

【原文】

上雨，水沫至，欲涉者，待其定也。

【句解】

上：上游。雨：下雨。水沫：水上泡沫，水势暴涨的征候。定：犹"平"，谓水势平稳。这四句强调处军原则不仅要因地活用，也要因时活用。

【原文】

凡地有绝涧、天井、天牢、天罗、天陷、天隙，必亟去之，勿近也。吾远之，敌近之；吾迎之，敌背之。

【句解】

　　绝涧：断崖绝壁下的流水。天井：四面高中间低的形如水井的地形。天牢：山林环绕，易入而难出的地形。天罗：周围荆棘丛生，形如罗网的地形。天陷：道路泥泞，车骑难行如陷阱的地形。天隙：道路狭窄而多坑穴的地形。这些就是《九变》篇所说的"绝地"。我远之、迎之（面向它），而使敌近之、背之（背靠它），是我处有利之地而使敌处凶险之境。这七句说应该利用绝地使敌人受困。

　　　　《孙膑兵法·地葆》："五杀之地，曰天井、天宛、天离、天隙、天柖。五墓，杀地也，勿居也，勿□也。"又《威王问》："患兵者地也，困敌者险也。"

【原文】

　　军旁有险阻、潢井、蒹葭、林木、翳荟者，必谨覆索之，此伏奸之所也。

【句解】

　　险阻：指险阻的地形。潢井：沼泽。蒹葭：芦苇。林木：森林。翳荟：草木丛生、阴郁蒙密之地。覆索：同义复合词，侦察的意思。《广雅·释言一》："审、覆，索也。"王念孙《疏证》以为覆、索义同为"察"，并引《孙子》此句为证。奸：奸细，敌方军事情报人员。三句结上"处军"、启下"相敌"。

　　　　《百战奇法·斥战》："凡行兵之法，斥堠为先。"
　　　　《曾胡治兵语录·兵机》："侦探须确、须勤、须速。"

【译文】

　　孙子说，部署军队行阵、驻扎与侦察判断敌情的一般原则是：军队越过山险、依附山谷，必须在便于进退攻守的高处驻扎；在高地与敌作战，不要仰攻。这是在山地部署军队的原则。渡水后必须离开水边驻扎；敌渡水来攻，不要到水边阻击，待其半渡而击之，有利；如要与敌交战，不要紧靠水边迎战敌人；在便于进退攻守的高处驻扎，不要处于敌军的下游。这是在江河地带部署军队的原则。越过了大沼泽地，即速离去，不要逗留；如果在大沼泽与敌遭遇，必须靠近水草而背靠树林。这是在沼泽地带部署军队的原则。在平原，必须驻扎在宽广平坦的地域上，右翼依托高地，前低后高。这是在平原地带部署军队的原则。以上四种有利的部署原则，正是黄帝用来战胜四方部落联盟首领的部署原则。

　　驻军一般喜欢高爽而厌恶卑湿，以向阳为上以向阴为下，驻军于便水草而又利粮道的地方,士卒不患各种疾病;士卒不患各种疾病,这是必胜的保证。小山和坝岸,必须驻扎在阳面并把右翼背靠着它。依上述方法驻军,得用兵之利,得地形之助。

上游下雨,有水泡漂来,如要渡溪越涧,待洪水平缓方可。

遇到绝涧、天井、天牢、天罗、天陷、天隙这几种地形,必须迅速离去,不要接近。我远离它,而使敌靠近它;我面对着它,而使敌背靠着它。

军队两旁遇到有险阻、沼泽、芦苇、森林、野草丛生的地方,必须谨慎侦察,这是敌方情报人员匿伏的处所。

二

【原文】

近而静者,恃其险也;远而挑战者,欲人之进也;其所居易者,利也。

【句解】

近:两军距离近。近而不动,是必恃其据险难攻也。挑战:激使敌方出战。远而挑战,恐我不进,故知欲诱我进也。居:处,驻扎。易:平坦之地。利:利诱。易攻难守之地而竟居之,是必诱我进击也。这三句说敌军行动反常,必有所谋。

"相敌"是一种由表知里、由近知远的以获取潜在敌情为目的的静观式的侦察方法。孙子吸取前人"相敌"的某些观点,总结出"相敌"方法三十三条,以协韵的形式分为十二节。这一段文字错落有致,而内容与形式都很严整,如一部"相敌"谚语的精选集。

【原文】

众树动者,来也;众草多障者,疑也。

【句解】

树动:树木砍伐而动。驻军本以众树为屏障,今斩木开道,故知敌来也。众草多障:草丛之中故意多设屏障。驻军本"贵阳而贱阴",今草丛多设屏障,故知敌张形设疑,令人不测。这两句说草木异常,必须识别是敌情的征候或是敌人故意设疑。

【原文】

鸟起者，伏也；兽骇者，覆也。

【句解】

起：高飞。伏：伏兵。鸟本平飞，至此忽然高飞，其下必藏有伏兵。骇：奔窜。覆：伏兵，用如动词，设伏兵的意思。野兽奔窜而出，是必山林之中正在设伏兵。这两句说鸟兽惊骇，必有伏兵或正在布置伏兵。

【原文】

尘高而锐者，车来也；卑而广者，徒来也；散而条达者，樵采也；少而往来者，营军也。

【句解】

高而锐：谓尘头高而尖。"车重而疾，故其尘高起而劲锐"（赵学本《孙子校解引类》说，下同）。卑而广：谓尘头低而阔。"步轻而缓，行阵又疏，故其尘卑而广阔"。徒：步兵。散：稀疏。条达：双声联绵字，"纤微断续之貌"（《十一家注》王晳曰）。樵采：打柴。"樵采各随所取，故其尘散见而又疏亮"。少而往来：谓微少的尘土来回扬起。营军：扎营。"军欲下营，必有轻兵视地，故其尘无多而往来相杂"。这四句说尘埃飘荡的不同形状，表明其下有不同的敌情。

【原文】

辞卑而益备者，进也；辞强而进驱者，退也；轻车先出居其侧者，陈也。

【句解】

辞卑：言辞卑逊。益备：积极备战。进：潜进。辞卑而益备，欲令我骄而失备，故知其潜进也。辞强：言辞强硬。进驱：故作进攻姿态。退：潜退。辞强而进驱，是虚张声势，故知其潜退也。轻车：轻便的战车。陈：同"阵"，布阵。战车部署于两翼，用以护阵，故知其布列军阵。

【原文】

无约而请和者，谋也；奔走而陈兵者，期也；半进半退者，诱也。

【句解】

无约：无约定、无故；谋：诈谋。无故而突然求和，故知是诈谋。陈兵：布列军阵。期：指期待决战。敌人奔走布列军阵，故知暗中打算与我决战。半进半退：进退不一。进退不一，伪作散乱之状，故知是诱我轻进也。从假装求和到战场上半进半退，三个环节敌人连续用诈。

> 《三十六计·笑里藏刀》按："兵书云：'辞卑而益备者，进也；……无约而请和者，谋也。'故凡敌人之巧颜令色，皆杀机之外露也。"

> 《诸葛亮集·将苑·察情》："半进而半退者，诱也。"

【原文】

杖而立者，饥也；汲而先饮者，渴也。

【句解】

杖：扶杖（矛戟之类）。靠扶杖而后能站立，是必兵众饥饿无奈也。"杖而立者"，樱田本作"杖而后立者"，与下句对偶，可从。汲：打水。汲者迫不及待先众人而饮，是必兵众干渴难耐也。

【原文】

见利而不进者，劳也；鸟集者，虚也。

【句解】

不进：不能进取；兵以利动，今见利而不能进取，是必疲劳无力也。集：聚也。虚：空，是说营垒虚空无人。鸟易惊飞，今停集营垒之上，是必空寂无人也。《左传·庄公二十八年》：楚伐郑，"诸侯救郑，楚师夜遁。郑人将奔桐丘，谍告曰：'楚幕有乌。'乃止"。

【原文】

夜呼者，恐也；军扰者，将不重也；旌旗动者，乱也；吏怒者，倦也。

【句解】

呼：惊呼。军营夜间惊呼，是必士卒心怀恐惧。扰：乱也，士卒自相扰乱。不重：指威严不足。这便是《吴子·料敌》说的"将薄吏轻，士卒不固"。乱：队列散乱。吏：下级军官。倦：士卒困倦。吏怒，必是士卒不听指令；不听指令，必是困倦之过。

【原文】

杀马肉食者，军无粮也；悬缶不返其舍者，穷寇也；谆谆谕谕徐与人言者，失众也。

【句解】

肉食：以肉为食。马者，军之大用也，而杀之以为食，是必军中无粮。缶：同"瓨"，是"甄"之误，汉简本正作"甄"。甄，是汲水用的尖底瓦器，不用时以绳悬之，故曰"悬甄"（说见汉简《孙子兵法》释文注）。舍：指军营。穷寇：陷于困境的敌人。悬甄弃于军营之外，无复炊之意，是必穷寇也。谆谆：絮絮不休地；谕谕：即翕翕，失意不满貌；徐：缓慢低声地。将吏以此态收复人心，是必人心不服，众不为用。

【原文】

数赏者，窘也；数罚者，困也。

【句解】

数：屡，多次。窘、困：皆困弊也。赏不足以抚士，罚不足以畏众，是必人心离散，势力困弊也。

【原文】

先暴而后畏其众者，不精之至也；来委谢者，欲休息也；兵怒而相迎，久而不合，又不相去，必谨察之。

【句解】

暴：暴虐。畏其众：畏兵众叛离而姑息迁就。精：明。先暴虐后纵容，恩威皆失其宜，是必极不明智的将吏。委谢：委质谢罪，即馈礼道歉。休息：休兵息战,将掩我不备也。"委谢"是幌子,"休息"是目的。怒:同"努",指奋而出阵。相迎:迎击我。合:交战。相去:离我而去。既相迎,又不合,又不去,则必有诈谋,或待机而发,故"必谨察之"。

【原文】

兵非贵益多,唯无武进,足以并力、料敌、取人而已。① 夫唯无虑而易敌者,必擒于人。②

【句解】

① "兵非贵益多"三句　益:亦"多"也。"非贵益多",不以多多为善,承上谓善于相敌者不在于兵多。"非贵益多",十一家本作"非益多","益"意动词,义同"贵";汉简本作"非多益","多"意动词,义同"贵",均谓不以多为贵,与《武经》本意相同。唯:只;武进:恃勇轻进,指不"相敌"而轻进。并力:集中兵力,指行阵与驻扎(处军)。料敌:判明敌情,指侦察敌情(相敌)。取人:获取士卒拥护,指对部队的管理训练(治军);而已:罢了。这三句意谓只要慎于相敌不恃勇轻进,就能将军事实力上的等势或劣势,变成实际战场上的优势。

"兵不贵益多,唯无武进",是说兵力数量的优势,取决于善于运筹、巧于部署,为《谋攻》篇"十则围之,五则攻之"的保持数量优势、以众击寡的观点作了必要的补充。《吕氏春秋·决胜》篇对孙子"兵不贵益多"的观点又作进一步的发挥:"巧拙之所以相过,以益民气与夺民气,以能斗众与不能斗众。军虽大,卒虽多,无益于胜。军大卒多而不能斗,众不若其寡也。夫众之为福也大,其为祸亦大。譬之若渔深渊,其得鱼也大,其为害也亦大。"

② "夫唯无虑"二句　夫唯:只因为。虑:谋。易:轻。"无虑而易敌",即上文的"武进",亦即不慎于"相敌"。必擒于人:必被人俘获。这两句从反面说不慎于相敌之害,以结上文"相敌"之意。

《老子》六十九章:"祸莫大于轻敌,轻敌几丧吾宝。"

贾谊《过秦论》:"深谋远虑,行军用兵之道。"

【韵语】

"近而静者,恃其险也;远而挑战者,欲人之进也;其所居易者,利也。"三句韵之(×○○)式:险,谈部,不韵;进、利,真脂通韵。

"众树动者,来也;众草多障者,疑也。"来、疑,之部,二句相协。

"鸟起者,伏也;兽骇者,覆也。"句首、句中互韵:伏、覆,职觉合韵;鸟、兽、幽部;起、骇,之部。《长短经·料敌》引此"兽"字作"禽",即"禽骇者覆也",禽,侵部,不韵,其所引不可从。

"尘高而锐者"四句似韵语而不韵,阙疑。

"辞卑而益备者,进也;辞强而进驱者,退也;轻车先出居其侧者,陈也。"三句韵之(○×○)式:退,物部,不韵;进、陈,真部。

"无约而请和者,谋也;奔走而陈兵者,期也;半进半退者,诱也。"三句韵之(○○○)式:谋、期、诱,之之幽部合韵。(《诗·大雅·思齐》:"肆成人有德,小子有造。古之人无斁,誉髦斯士。"造、士,幽之合韵。例见王力《诗经韵读》,341页)

"仗而后立者,饥也;汲而先饮者,渴也。"二句协韵:饥、渴,微月合韵,是旁对转。(《兵势》:"故善战者,其势险,其节短:势如彍弩,节如发机。"短、机,元微合韵,也是旁对转。)

"见利而不进者,劳也;鸟集者,虚也。"二句协韵:劳、虚,宵鱼合韵。(《楚辞·大招》:"青春受谢,白日昭只。春气奋发,万物遽只。冥凌浃行,魂无逃只。魂魄归徕,无远遥只。"昭、遽、逃、遥,宵鱼合韵。例见王力《楚辞韵读》,79页)

"夜呼者,恐也;军扰者,将不重也;旌旗动者,乱也;吏怒者,倦也。"二句一转韵:恐、重,东部;乱、倦,元部。

"杀马肉食者,军无粮也;悬缶不返其舍者,穷寇也;谆谆谕谕徐与人言者,失众也。"三句韵之(○×○)式:寇,侯部,不韵;粮、众,阳冬合韵。(阳冬合韵之例,见《兵势》:"味不过五,五味之变不可胜尝也;战势不过奇正,奇正之变不可胜穷也。")

"数赏者,窘也;数罚者,困也。"窘、困,文部,二句相协。

【译文】

两军距离已近而敌军却安静不动,是依仗他所处的地形险要;两军距离尚远而敌军却向我挑战,是要我迎上去挨打;在易受攻击的平地上宿营,是诱我入毂。

林木摇动,是敌军斩木除道而来;草丛中多设屏障,是布下疑阵,令人不测。

鸟儿忽然高飞,其下藏有伏兵;野兽奔窜而出,林中正在布置伏兵。

尘头高而尖,是战车来了;尘头低而阔,是步兵来了;尘土稀而忽往忽来,是敌兵打柴;尘土少而往来扬起,是敌兵扎营。

使者言辞谦逊却又加紧备战,是要暗中进兵;言辞强硬而又逼进,虚张声势,是要暗中退兵;战车先出动,部署在侧翼,是在布列军阵。

无预约而贸然来求和,这是诈谋;奔走布列军阵,是期待与我决战;半进半退,装出散乱之状,是诱我轻进。

扶矛戟而后能立,是兵众饥饿缺粮;汲者汲水而先饮,是兵众干渴缺水。

见利不能进取,是疲劳难当;营垒停集飞鸟,必虚空无人。

夜间营垒惊恐呼喊,是士卒心怀恐惧;士卒自相扰乱,是将吏威严不足;旌旗摇动,是队列紊乱了;将吏发火,是士卒疲惫了。

杀马以肉为食,必是军中无粮;悬甄弃于营外,必是走投无路而欲死战的穷寇;将吏啰啰嗦嗦,低声下气同部下说话,必是人心不服,众不为用。

频频奖赏,是势力困弊;频频刑罚,也是势力困弊。

起先暴虐寡恩,过后又姑息纵容,这是极不明智的将吏;派使者来馈礼谢罪,必是希图缓兵;气势汹汹与我对阵,却长期不交战,又不离我而去,这必须谨慎侦察。

兵众不是愈多愈好,只要不恃勇轻进,能够并力(部署好行阵驻扎)、料敌(侦察判明敌情)、取人(取得兵众的拥护)就足够取胜了。正因为不深思熟虑而又轻敌,这种人一定会被敌人擒获。

三

【原文】

卒未亲附而罚之则不服,不服则难用;卒已亲附而罚不行,则不可用。① 故令之以文,齐之以武,是谓必取。②

【句解】

① "卒未亲附"四句　亲附:亲近,归服。"亲附"一词亦见《荀子·议兵》:"士民不亲附,则汤武不能以必胜也。"服:心服。用:用命,执行命令去战斗。未亲附而严其罚则众心不服,众心不服则不可用。罚不行:不行罚,弛其罚。则不可用:承上省"罚不行"三字,其意是"罚不行则不可用"。卒已亲附而弛其罚,弛其罚士卒亦不用命。这四句说无恩信或宽纵,士卒均不用命。

《李卫公问对》卷中:"《孙子》曰:'卒未亲附而罚之,则不服;已亲附而罚不行,则不可用。'此言凡将先有爱结于士,然后可以严刑也。若爱未加而独用峻法,鲜克济焉。"

《管子·参患》:"得众而不得其心,则与独行者同实。""士不可用者,以其将予人也。"

② "故令之以文"三句　　令：汉简本作"合"，《淮南子·兵略训》、《书钞》卷
一一三与《御览》卷二九六所引亦均作"合"。各通行本之"令"是"合"之误；两句
当作"合之以文，齐之以武"。合：和也。齐：亦和也。"合齐"，同义复合词，和谐
齐一的意思，又写作"和齐"、"调和"。（《荀子·乐论》："民和齐则兵劲城固。"《墨
子·节葬下》："无委积，城郭不修，上下不调和，是故大国耆攻之。"）文：指仁恩。
武：指刑罚。"合"与"齐"互文同义，两句本可合在一起讲（以文与武合齐之），而
作者用互文来写（合之以文，齐之以武），是为了深化句意，增强语势，但两句意思
不变——以仁恩与刑罚使士卒和谐齐一。必取：必取得士卒拥护。按：此三句
与上文"军无百疾"一样，采用了"省句"式修辞手法，其文句当为："……故合之以
文，齐之以武；合之以文，齐之以武，是谓必取。"这三句强调了"合之以文，齐之以
武"，意思说要士卒心服必须"合之以文，齐之以武"，这是必定取得士卒拥护的
保证。

> 《六韬·奇兵》："一喜一怒，一予一夺，一文一武，一徐一疾者，所以调和
> 三军，制一臣下也。"

> 《尉缭子·治本》："夫禁必以武而成，赏必从文而成。"

> 《商子·修权》："故上多惠言而不克其赏，则下不用；数加严令而不致其
> 刑，则民傲罪。凡赏者文也，刑者武也。文武者法之约也。"

【原文】

　令素行以教其民，则民服；令不素行以教其民，则民不
服。①——令素行者，与众相得也。②

【句解】

①"令素行以教其民"二句　　令：军令，指恩威赏罚之令。素行：一贯认真
执行。是说功必赏，罪必罚，赏必行、罚必果的做法从不间断，这种观念一直深入
人心，将领一直先治己后治军。以教其民：以（之）教其民，以"令素行"训练教导
士卒。民服：士卒听服。这两句说，士卒是否听服，在于军令是否一贯执行。
"信"列于将德的第二位，仅次于"智"，它的重要意义于此可见。

> 《孙膑兵法·威王问》："威王曰：'令民素听，奈何？'孙子曰：'素信。'"
> 《将义》又曰："将者，不可以不信。不信则令不行。"

> 《黄帝四经·经法·君正》："号令发必行，俗也（成为习惯的缘故）。""号
> 令成俗而刑伐（罚）不犯则守固单（战）朕（胜）之道也。"

> 《吕氏春秋·论威》："其令强者其敌弱，其令信者其敌诎。先胜之于此，
> 则必胜于彼矣。"

② "令素行者"二句　　相得：相契合，是说军令是士卒所能够执行的、所乐于执行的。这两句补说"令素行"的根本原因。

《孙膑兵法·奇正》："赏未行，罚未用，而民听令者，其令、民之所能行也。赏高罚下，而民不听其令者，其令、民之所不能行也。使民唯不利，进死而不旋踵，孟贲之所难也，而责之民，是使水逆流也。"

《黄帝四经·经法·君正》："号令阖于民心，则民听令。"

【韵语】

"卒未亲附而罚之则不服，不服则难用；卒已亲附而罚不行，（罚不行）则不可用。"用、用，东部，二句协韵。

"令素行以教其民，则民服；令不素行以教其民，则民不服。"服、服，职部，二句协韵。

【译文】

士卒尚未亲近归附即施用刑罚，他们就心不服，心不服就难以效命；士卒亲近归服即不施用刑罚，（不施用刑罚）他们也不会效命。所以要用仁恩与刑罚使士卒和谐齐一；用仁恩与刑罚使士卒和谐齐一，这是必定取得士卒拥护的保证。以令素行的事实教戒自己的士卒，士卒就心服；不能以令素行的事实教戒自己的士卒，士卒心就不服。——令素行的根本原因，军令是士卒所能够执行的、所乐于执行的。

地形第十

　　本篇以"地形"为题,要求战争指导者重视地形在战争中的重要作用,并有效地利用地形之利。全篇分五段,一、地之六形,二、将之六败,三、将之职责,四、固结众心,五、避败取胜之道。

　　"用现代名词来说,孙子应该要算是世界上的第一位地略学家(Geopolitician)。在其十三篇中有三篇都曾列举特定地理名词的分类,至于分析或强调地理与战争之间关系的语句则更是在书中多处都可找到。明末的顾祖禹在其《读史方舆纪要》(自序二)中曾经称赞说:'论兵之妙,莫如《孙子》,而论地利之妙,亦莫过如《孙子》。'实可谓定论。"(钮先钟《孙子三论》,90页)

一

【原文】

　　孙子曰:地形有通者,有挂者,有支者,有隘者,有险者,有远者。①我可以往,彼可以来,曰通;通形者,先居高阳,利粮道,以战则利。②可以往,难以返,曰挂;挂形者,敌无备,出而胜之;敌若有备,出而不胜,难以返,不利。③我出而不利,彼出而不利,曰支;支形者,敌虽利我,我无出也;引而去之,令敌半出而击之,利。④隘形者,我先居之,必盈之以待敌;若敌先居之,盈而勿从,不盈而从之。⑤险形者,我先居之,必居高阳以待敌;若敌先居之,引而去之,勿从也。⑥远形者,势均,难以挑战,战而不利。⑦凡此六者,地之道也;将之至任,不可不察也。⑧

【句解】

　　① "地形有通者"六句　　通:通达。挂:碍,阻碍。支:相持。隘:道路狭隘队伍展不开的地区。险:艰险。远:遥远。通、挂、支、隘、险、远,是孙子对地理环境所作的分类。以下论述这六类地形的特点以及与之相应的作战方法。

《庄子·齐物论》："而独不闻之翏翏乎？山陵之畏佳，大木百围之窍穴，似鼻，似口，似耳，似枅，似圈，似臼，似洼者，似污者；激者，謞者，叱者，吸者，叫者，譹者，宎者，咬者。前者唱于而随者唱喁。"（《孙子》连用"者"字讲地理环境，《庄子》连用"者"字讲人情物理，内容不同，而文法相一致。）

②"我可以往"七句　　"我可以往"三句是对通形地之性质的解释。居：占据。高阳：地势高而向阳之处。利粮道：使粮道通畅。"通形者"以下，是通形地的作战方法。

《虎钤经·料地》："居通地，利乘高待敌，后通粮道，障其间道，绝敌之潜来，用战则利也。"

③"可以往，难以返"十句　　"可以往"三句是对挂形地之性质的解释。"挂形者"以下，是挂形地的作战方法。

《虎钤经·料地》："居挂地，先详敌无备，伏兵绝其归路则利焉；敌有备而出则自踬焉。"

④"我出而不利"八句　　"我出而不利"三句是对支形地之性质的解释。利我：诱我，谓伴背我而去。引而去之：引兵假装离去。半出而击：若舟师半渡而击者，使彼首尾不相及而败也。"支形者"以下，是支形地的作战方法。

《虎钤经·料地》："居支地，若敌引兵而去，是诱我也，勿击之；待其自出薄我，则击之，利焉。"

⑤"隘形者"六句　　直述隘形地的作战方法。盈：满、塞，设防的意思。隘口一经设防封锁就不易攻破，所以我必先占据，"盈之以待敌"；要是敌先占据，则"盈而勿从，不盈而从"。

《虎钤经·料地》："我先居隘地，整其营阵待敌，绝冲突之患。若敌先居之，盈阵待之；如攻不盈，则从其它攻之，利焉。"

⑥"险形者"六句　　直述险形地的作战方法。险形是难行之地，占据地势高而向阳的地方，则处高以待下，处安以待危，故占险形者"必居高阳"；敌先占险形亦"必居高阳"，故我"引而去之勿从也"。

《虎钤经·料地》："居险地，我先居之，利以战；若敌先居之，勒兵退，乃见其利焉。"

⑦"远形者"四句　　路途遥远，转输困难，彼来我往均不利，故曰"势均"；势均，敌我的地利形势相等。地利形势相等，我挑战则敌佚我劳，故曰"难以挑战，战而不利"。

《虎钤经·料地》：“敌不先进但挑战,战则不可进,必有伏焉。敌不战而引退,亦不可逐,逐则不利。”

⑧ “凡此六者”四句 六者：六种地形及其作战方法。地之道：因地而战的原则。至任：重大责任。能用地形,则得其利,不能用地形,则反受其害,所以为将者要“知”地形,而且“知”因地而战的原则,即如何得利、如何去害、如何致敌于害,这是率军作战成败的关键问题,故曰“将之至任,不可不察也”。

《孙膑兵法·威王问》：“田忌问孙子曰：‘患兵者何也？困敌者何也？……’孙子曰：‘有。患兵者,地也。困敌者,险也。……’”

《吴子·论将》：“吴子曰：凡兵有四机。……路狭道险,名山大塞,十夫所守,千夫不过,是谓地机。”

【译文】

孙子说：地形有“通”的、“挂”的、“支”的、“隘”的、“险”的、“远”的。我可以往,敌可以来,叫“通”。处于“通”地时,抢先占据地势高而向阳的地方,使粮道通畅,在这样的情况下作战就有利。可以前往,难以返回,叫“挂”。处于“挂”地时,敌无备,就出击而战胜他；敌如有备,出击不能取胜,难以返回,不利。我出击也不利,敌出击也不利,叫“支”。处于“支”地时,敌虽以利诱我,我不要出击；引兵假装离去,等敌人半数从阵地出来,然后回师击之,有利。处于“隘”地时,我先占据,必封锁隘口以待敌；如敌先占据,已封锁隘口就不要攻击；没有封锁隘口就进击。处于“险”地时,我先占据,必处于地势高而向阳的地方等待敌人；如敌先占据,引兵假装离我而去,不要随尾追击。处于“远”地时,敌我往来都不便,地利形势均等,难以挑战,挑战就不利。所有这六条,是地形特点以及因地而战的原则；将领对此有重大责任,不可不认真审察研究。

二

【原文】

故兵有走者,有弛者,有陷者,有崩者,有乱者,有北者。① 凡此六者,非天地之灾,将之过也。②

【句解】

① “故兵有走者”六句 兵：谓败兵。走、弛、陷、崩、乱、北：是军队作战时

出现的六种败象，《十一家注》贾林曰："皆败坏大小变易之名也。"

②"凡此六者"三句　　六者：六种败象。天地之灾：天时地利的自然之灾。过：失误，指才力低下、指挥不当所造成的失误。有地形之利未必胜，有地形之害未必败，胜败在于人事，所以说"非天地之灾，将之过也"。以下论"将过"。

《太白阴经·地无险阻》："天时不能佑无道之主，地利不能济乱亡之国。地之险易，因人而险，因人而易，无险无不险，无易无不易。存亡在于德，战守在于地。惟圣主智将能守之，地奚有险易哉！"

【原文】

夫势均，以一击十，曰走；①卒强吏弱，曰弛；②吏强卒弱，曰陷；③大吏怒而不服，遇敌怼而自战，将不知其能，曰崩；④将弱不严，教道不明，吏卒无常，陈兵纵横，曰乱；⑤将不能料敌，以少合众，以弱击强，兵无选锋，曰北。⑥

【句解】

①"夫势均"三句　　势均：指将领的智谋、兵器的利钝、地势的险易彼此相等。以一击十：以极少兵力打击极多的敌人，自不量力。自不量力，是不知彼不知己之过。寡不敌众，见敌就跑，故曰"走"。这三句说"走"这种败象，是将领自不量力的失误所造成的。

《孙子·谋攻》："小敌之坚，大敌之擒也。"

②"卒强吏弱"二句　　强：强悍，指不从号令，不服刑威。弱：怯弱，指统御无力。以弱吏督强卒，统御疲软，士气不振，全军如弓弦松弛不能放箭一样，不能战斗，故喻之为"弛"。这两句说"弛"这种败象，是将领统御无力之过造成的。

《孙膑兵法·兵情》："矢，卒也。弩，将也。""弩张柄不正，偏强偏弱而不和，其两洋（两翔，指弩的两翼）之送矢也不壹，矢虽轻重得，前后适，犹不中［招也］。"

《三略·上略》："乖众不可使伐人。"

《曾胡治兵语录·用人》："营官不得人，一营皆成废物；哨官不得人，一哨皆成废物；什长不得人，十人皆成废物。滥取充数，有兵如无兵也。"

③"吏强卒弱"二句　　士卒平素不训练，临阵畏缩不前，如陷于坑而不可出，故喻之为"陷"。这两句说"陷"这种败象，是将领疏于训练之过造成的。

《曾胡治兵语录·勤劳》："将不理事，则无不骄纵者；骄纵之兵，无不怯弱者。"又曰:"夫兵犹火也,不戢则焚;兵犹水也,不流则腐。治军之道,必以苦其心志、劳其筋骨为典法。"

④"大吏怒而不服"四句　　大吏:偏将。不服:不服主将节制。怒而自战:怨恨而独与敌战。将:主将;知:犹"闻",过问。主将褊狭,不过问偏将能否胜敌。将吏不睦,军自上而溃,如山之自上而下崩落,故喻之为"崩"。这四句说"崩"这种败象,是将吏不和之过造成的。

　　《孙膑兵法·篡卒》:"乖将,不胜。"《[将失]》又曰:"将失:……三曰,是非争,谋事辩讼,可败也。"

　　《三略·上略》:"乱将不可使保军。"

⑤"将弱不严"五句　　不严:治军不严明。教道不明:教导无方。吏卒无常:吏降为卒,卒升为吏,没有常规。纵横:或纵或横,不成行列。教导无方、吏卒变动无常、行列不整,必然行阵失次、进退无度,故谓之"乱"。这五句说"乱"这种败象,是将领治军不严明所造成的。

　　《孙膑兵法·将义》:"将者不可以不义,不义则不严,不严则不威,不威则卒弗死。"

　　《六韬·奇兵》:"将不强力,则三军失其职。"

⑥"将不能料敌"五句　　料敌:判断敌人虚实强弱之情。合:击,抵御。选锋:选择冲锋陷阵的劲卒、兵锋。此指兵锋不知所指,不能料敌之故。将领不能判断敌情,以寡击众、以弱击强、兵锋不知所指,临阵必背敌逃窜,故曰"北"——北,背也,谓背敌而走也。这五句说"北"这种败象,是将领不能料敌之过所造成的。

　　《孙膑兵法·将义》:"将者,不可以不智胜,不智胜则军无□(《孙膑兵法校理》认为缺文可能是"夬"字,决断的意思)。"又《[兵失]》曰:"兵不能见福祸于未形,不知备者也。"

　　《六韬·奇兵》:"将不明,则三军大倾。"

【原文】

　　凡此六者,败之道也;将之至任,不可不察也。

【句解】

　　六者:指上述"六败"的归纳分析。道:指原因。此段文脉文法与上段相一致,加强了两段之间的联系,因而显示出了"人"与"地"的关系:将领克服致败原因,是利用地形之利的前提条件。致败原因多一分,利用地形之利的可能性少一分;致败原因少一分,利用地形之利的可能性多一分。克服致败原因是将领的重大责任,故曰"将之至任,不可不察也"。正由于此,古兵家十分重视克服这种致败的原因。

> 《司马法·定爵》:"不服、不信、不和、怠、疑、厌、慑、枝、柱、诎、烦、肆、崩、缓,是谓战患。"

> 《孙膑兵法·[将失]》:"将失:一曰,失所以往来,可败也。……三曰,争是非,谋事辩讼,可败也。四曰,令不行,众不壹,可败也。五曰,下不服,众不为用,可败也。六曰,民苦其师,可败也。七曰,师老,可败也。八曰,师怀,可败也。九曰,兵遁,可败也。……十一曰,军数惊,可败也。……十八曰,令数变,众偷,可败也。十九曰,军淮,众不能其将吏,可败也。廿曰,多辛,众怠,可败也。廿一曰,多疑,众疑,可败也。廿二曰,恶闻其过,可败也。廿三曰,与不能,可败也。……廿五曰,期战分心,可败也。廿六曰,恃人之伤气,可败也。……卅二曰,战而忧前者后虚,忧后者前虚,忧左者右虚,忧右者左虚;战而有忧,可败也。"

【译文】

兵败有"走"、"弛"、"陷"、"崩"、"乱"、"北"六种败象。所有这六种败象,不是天时地利的自然之灾所导致的,而是将领的失误所造成的。在势力均等的条件下,自不量力而以一击十,(结果见敌就跑,)这叫"走"。士卒强悍而军吏懦弱,(军吏不能督导士卒,如弛弓不能发矢,)这叫"弛"。军吏强悍,士卒缺乏训练而怯弱,(战场上畏缩不前,如陷于坑,)这叫"陷"。偏将怨怒而不服节制,遇敌自行作战,主将又不管他能否胜敌,(因而全军自上而下溃败,如山体崩落,)这叫"崩"。主将懦弱,治军不严,教导无方,用人变动无常,阵列不整,这叫"乱"。主将不能判断敌情,以寡击众,以弱击强,兵锋不知所指,(战场上士卒必定背敌而逃,)这叫"北"。所有这六种情况,是用兵致败的原因。将领对此有重大责任,不可不认真审察研究。

三

【原文】

夫地形者,兵之助也。①料敌制胜,计险阸远近,上将之道也。②知此而用战者必胜，不知此而用战者必败。③

【句解】

①"夫地形者"二句　　助：佐，辅助。这是说地形很重要，用兵打仗离不开，但也不能专恃。这两句本是承上启下之语，但准确概括出"地形"在用兵打仗中的作用和地位，遂成为兵家的至理名言。

《诸葛亮集·心书·地势》："夫地势者兵之助也，不知战地而求胜者，未之有也。"

《太白阴经·地势》："经曰，善战人者以地强以势胜。如转圆石于千仞之谿者，地、势然也。千仞者险之地，圆石者转之势也。地无千仞而有圆石，置之瀦塘之中，则不能复转；地有千仞而无圆石，投之方稜偏匾，则不能复移。地不因险，不能转圆石；石不因圆，不能赴深谿。故曰，兵因地而强，地因兵而固。"

②"料敌制胜"三句　　料敌制胜：判明敌情，因敌制胜。必"知彼知己"乃能如此。险阨：当据《御览》卷二九〇、《通典》卷一五〇所引改作"险易"。计险易远近，谓计量不同地形因地制胜，必"知地"乃能如此。上将之道：贤能之将的职责。道，职责。这三句说，将领的职责是在判断和掌握敌情的同时，根据地形制作有效的战法战术。

《孙膑兵法·威王问》："料敌计险，必察远近，……将之道也。"又《篡卒》："量敌计险，胜。"

《百战奇法·计战》："凡用兵之道，以计为首。未战之时，先料将之贤愚，敌之强弱，兵之众寡，地之险易，粮之虚实。计料已审，然后出兵，无有不胜。"

③"知此而用战者必胜"二句　　此：承上指"上将之道"。用战：作战。这两句承上说，将领十分明白自己的职责才有把握打胜仗。

【原文】

　　故战道必胜，主曰无战，必战可也；战道不胜，主曰必战，无战可也。

【句解】

　　战道：战势，指量敌计险而审察到的战场形势。曰：谓、令。无：毋。必战：

坚持作战。可也：大可以、很可以的意思。战与不战取决于战争是否有必胜把握，君命可以不受，故曰"必战可也"、"无战可也"，大可以坚持去打、大可以不去打。这正如《荀子·臣道》所说的"从道不从君"。

> 《六韬·立将》："凡国有难，君避正殿，召将而诏之曰：'社稷安危，一在将军，今某国不臣，愿将军帅师应之。'……将已受命，拜而报君曰：'臣闻国不可以从外治，军不可以从中御。二心不可以事君，疑志不可以应敌。臣既受命，专斧钺之威，臣不敢生还……'"

> 《荀子·议兵》："所以不受命于主有三：可杀而不可使处不完（不安全），可杀而不可使击不胜，可杀而不可使欺百姓，夫是之谓三至。"

【原文】

故进不求名，退不避罪，唯民是保，而利于主，国之宝也。

【句解】

进：进攻作战，即上文"必战可也"的"必战"。名：善战之名。退：退避不战，即上文"无战可也"的"无战"。罪：违命不战之罪。唯民是保，而利于主：只知道保全民众和有利于君主。进退皆为保国利民，是"民之司命、国家安危之主"，故谓之为"国之宝也"。这五句承上说，将领有高尚的政治品格才会忠于职守。

> 《淮南子·兵略训》："将者必有四义。所谓四义者，便国不负兵（"负"，是"员"之误。"不员兵"，不程量其兵之众寡。说见《淮南鸿烈集解》），为主不顾身，见难不畏死，决疑不避罪。""是故无天于上，无地于下，无敌于前，无主于后，进不求名，退不避罪，唯民是保，利合于主，国之宝也，上将之道也。"

> 《诸葛亮集·兵要》："贵之而不骄，委之而不专，扶之而不隐，危之而不惧。故良将之动也，犹璧之不污。"

【韵语】

"故战道必胜，主曰无战，必战可也；战道不胜，主曰必战，无战可也。"句中互韵、叠字韵：战、战，元部；战、战，元部。

【译文】

地形，是用兵作战的辅助条件。判明敌情而因敌制胜，计量地形的险易远近而因地制胜，这是贤能之将的职责。明白此理而战，一定胜利；不明白此理而战,一定失败。战局有必胜的把握,即使君主命令不要打,也大可以坚持去打;战局没有胜利把握,即使君主命令一定要打,也大可以不去打。进战不求善战之名,退守不避违命之罪,只知道保民,有利于君主,这样的将领,是一国之宝。

四

【原文】

视卒如婴儿,故可与之赴深谿;视卒如爱子,故可与之俱死。①爱而不能令,厚而不能使,乱而不能治,譬如骄子,不可用也。②

【句解】

① "视卒如婴儿"四句　视:看待。视如婴儿、视如爱子:是说用仁恩固结众心。与:使。赴:去,前往。深谿:喻不测之地。俱死:与我同生死。这四句说,用仁恩固结众心,得兵众之死力,始可争地形之利。不得兵众之心,则不得兵众之力,所以兵家从来十分重视以仁恩固结众心。

《孙膑兵法·[将德]》:"……赤子(《孙膑兵法校理》在'赤子'前补'视之若'三字),爱之若狡童,敬之若严师,用之若土芥。"

《管子·形势解》:"民之所以守战至死而不衰者,上之所以加施于民者厚也。故上施厚,则民之报上亦厚;上施薄,则民之报上亦薄。"

《淮南子·兵略训》:"上视下如子,则下视上如父;上视下如弟,则下视上如兄。上视下如子,则必王四海;下视上如父,则必正天下。上亲下如弟,则不难为之死;下视上如兄,则不难为之亡。是故父子兄弟之寇不可与斗者,积恩先施也。"

② "爱而不能令"四句　爱:爱护,指"视如婴儿"。令:号令、指挥。厚:厚养,指"视如爱子"。使:役使。乱:谓无纪律,指"不能令"、"不能使"。治:谓整齐军纪。骄子:娇贵、宠爱之子。骄,通"娇"。不可用:不可用之以战。专于"爱"、"厚",故"乱而不能治",如骄子不可用。四句承上说,固结众心之法是爱与严统一,恩与威两全;如不得其法,仍不得兵众之力。

《尉缭子·攻权》:"夫不爱悦其心者,不我用也;不严畏其心者,不我举也。爱在下顺,威在上立。爱故不二,威故不犯。故善将者爱与威而已。"

【韵语】

"视卒如婴儿,故可与之赴深豁;视卒如爱子,故可与之俱死。"二句间韵:豁、死(微、脂不分),支脂合韵。四句为韵语。

"爱而不能令,厚而不能使,乱而不能治,譬如骄子,不可用也。"三句韵之(×○○)式:令,耕部,不韵;使、治,之部。三句用韵便如组成一个语组,接下句"譬如骄子"就文气更连贯。十一家本"爱"与"厚"二句互乙,则为三句韵之(○×○)式,三句仍是韵语。

【译文】

爱护士卒如爱护婴儿,就能使他们跳入不测之渊;厚养士卒如厚养爱子,就能使他们与我同生死。爱而不听管教,厚而不堪役使,违法而不服惩治,这就如同骄子,不能用来作战。

五

【原文】

知吾卒之可以击,而不知敌之不可击,胜之半也。知敌之可击,而不知吾卒之不可以击,胜之半也。知敌之可击,知吾卒之可以击,而不知地形之不可以战,胜之半也。①故知兵者,动而不迷,举而不穷。②故曰:知彼知己,胜乃不殆;知天知地,胜乃可全。③

【句解】

① "知吾卒之可以击"十句　　可以击、不可击:《十一家注》杜牧曰:"可击者,勇敢轻死也;不可击者,顿弊怯弱也。"地形之不可以战:指六害之地不可以战。这十句说,不兼明自己、敌人、地形三者,获胜的可能性只有一半。李贽《孙子参同》说,此十句"应'地形者兵之助'句"。极是。

　　《孙子校解引类》:"知其一而不知其二,不可以全胜;知其二而不知其三,亦不可全胜。此孙子至当之论,万世之法。使他人论治兵则重治兵,论地形则重地形,泛然错举而已,安有轻重先后如此之明耶!"

② "故知兵者"三句　　知兵者:指兼知自己、敌人、地形三者战况的将领。动、举:义同,均指军事行动。不迷:"无迷误之失"(《武经七书直解》)。不穷:"无

困弊之灾"(《武经七书直解》)。识彼我之虚实,知地形之便利,在行动上又有正确的指挥,所以"不迷、不穷"。这三句承上说,避败取胜之道——既了解敌、我、地之情,又掌握克敌制胜之法。

③"故曰"五句　　乃:才。不殆:不危险,等于说有把握。天地:天时、地利。全:完整,知彼己又兼知天时地利,才得全胜。"胜乃可全",十一家注本作"胜乃不穷",不可从。这五句以赞美避败取胜之道——兼知敌、我、天地,为全段作结。

> 《孙膑兵法·八阵》:"知道者,上知天之道,下知地之理,内得其民之心,外知敌之情,阵则知八阵之经,见胜而战,弗见而诤,此王者之将也。"又《月战》:"天时、地利、人和,三者不得,虽胜有殃。"

> 《淮南子·兵略训》:"故上将之用兵也,上得天道,下得地利,中得人心,乃行之以机,发之以势,是以无破军败兵。"

【韵语】

"知吾卒之可以击,而不知敌之不可击,胜之半也;知敌之可击,而不知吾卒之不可以击,胜之半也;知敌之可击,知吾卒之可以击,而不知地形之不可以战,胜之半也。"三"胜之半也"之"半",元部,叠字韵、遥韵,此十句为韵语。(《诗·郑风·褰裳》:"子惠思我,褰裳涉溱。子不我思,岂无他人? 狂童之狂也且! 子惠思我,褰裳涉洧。子不我思,岂无他士? 狂童之狂也且!"二"狂童之狂也且"之"狂",阳部,叠字韵、遥韵。例见王力《诗经韵读》,201页。)

"故知兵者,动而不迷,举而不穷(顿)"。穷,冬部字、不韵,而《通典》卷一五〇、《御览》卷二九〇则引作与之同义的"顿"。迷、顿,微文通韵,二句以韵语为上文作结,传本似当改"穷"为"顿"。

"故曰:知彼知己,胜乃不殆;知天知地,胜乃可全。"二句一转韵:己、殆,之部;地、全,歌元通韵。四句为韵语。"胜乃可全",十一家注本作"胜乃不穷"者,"穷"字,于义不当,且亦失韵("穷",冬部),故不可从。

【译文】

了解我军能打,而不了解敌军不可打,取胜把握只有一半;了解敌军可打,而不了解我军不能打,取胜把握只有一半;了解敌军可打,也了解我军能打,而不了解地形不利于打,取胜的把握也只有一半。所以懂得用兵(既了解敌、我、地之情,又掌握克敌制胜之法)的人,军事行动无迷误之失,无困弊之灾。所以说:知敌知我,胜有把握;知天知地,才获全胜。

九地第十一

　　"九地",指散地、轻地、争地、交地、衢地、重地、圮地、围地、死地等九种不同的战略地理类型。"九地"的分类及其作战指导原则,是制定深入诸侯腹地各项策略的总依据。入侵列国之师悬军敌境,最大的威胁是地势的复杂、敌情的险恶、军需的短缺、士气的低落,所以亟需激励军心、速战速决。本篇的要旨——入侵列国之师的将帅,应该以"九地之变、屈伸之利、人情之理"为作战要领,利用各种地理环境激励军心士气,依靠自己强大的军事实力,以突袭战的战法去夺取胜利。

一

【原文】

　　孙子曰：用兵之法,有散地,有轻地,有争地,有交地,有衢地,有重地,有圮地,有围地,有死地。

【句解】

　　这是列举"九地"的名目。《行军》篇按土地的自然形状,分为山、水、斥泽、平陆四者;《地形》篇按交通状况,分为通、挂、支、隘、险、远六者。《九地》篇按战略地理环境的不同,分为"九地"。下面是对"九地"各名目的解释。

【原文】

　　诸侯自战其地者,为散地。① 入人之地而不深者,为轻地。② 我得亦利,彼得亦利者,为争地。③ 我可以往,彼可以来者,为交地。④ 诸侯之地三属,先至而得天下之众者,为衢地。⑤ 入人之地深,背城邑多者,为重地。⑥ 山林、险阻、沮泽,凡难行之道者,为圮地。⑦ 所由入者隘,所从归者迂,彼寡可以击吾之众者,为围地。⑧ 疾战则存,不疾战则亡者,为死地。⑨

【句解】

①"诸侯自战其地者"二句　散：逃散。在本国境内与敌作战，士卒近家，易于逃散，此为"散地"。

②"入人之地而不深者"二句　轻：易。入敌境未深，士卒易于返国，此为"轻地"。

③"我得亦利"三句　利：指寡可以制众、弱可以制强。我得有利，敌得亦有利，意为战争双方必然争夺的险要之地，故名"争地"。

④"我可以往"三句　道路交错、彼此可往来之地，故名"交地"。

⑤"诸侯之地三属"三句　衢：四达之路。属：连。三面与邻国接壤，占领者可以取得几个邻国的援助，为要冲之地，此为"衢地"。

⑥"入人之地深"三句　重：难，与上"轻"相对。背：背靠，后靠。入人之境深，士卒难于返还国内，且背靠众多敌国城邑，此为"重地"。

⑦"山林"三句　圮地：难于通行之地。

⑧"所由入者隘"四句　围地：形势险阨，出入通道狭窄，易被围困之地。

⑨"疾战则存"三句　疾战：速战，突击。死地：绝境。"前有高山，后有大水，进则不得，退则有碍"（《十一家注》曹操曰），力战则存、不力战则亡，此为"死地"。

【原文】

是故散地则无战，轻地则无止，争地则无攻，交地则无绝，衢地则合交，重地则掠，圮地则行，围地则说，戎地则战。

【句解】

无战：谓避敌锋芒，以守为攻。在本国与敌周旋，士卒顾家，战则逃散，故散地"无战"。止：停留。入敌境未深，士卒易于返还本国，故轻地"无止"。无攻：必须先占领战略要地，敌若先得要险，我再攻必受挫，故争地"无攻"。无绝：道路交错，易遭拦击，不可中断部伍间的联系，故交地"无绝"。合交：结交诸侯；与几国相邻之地当卑词厚赂以结之，引为己援，故曰衢地"合交"。掠：掠取粮秣。入敌境深，转输艰难，故重地则"掠"。行：迅速离去。难于通行之地不可留，故圮地则"行"。说：当从十一家注本改作"谋"。士卒困于险阨，斗则势弱，必用谋如"塞关示弱，伺隙突击"者以免难，故围地则"谋"。戎：当从十一家注本改作"死"。无生路可走之地，必当力战以免难，故死地则"战"。这九句说"九地"的一般作战指导原则，亦即作战常法。知道其常法，然后能掌握其变通之法。

《诸葛亮集·便宜十六策·治军》："不知九地之便，则不知九变之道。"

【译文】

孙子说：用兵的法则，地理环境可分为散地、轻地、争地、交地、衢地、重地、圮地、围地、死地等九种。诸侯战于自己境内之地，叫"散地"；战于入敌境未深之地，叫"轻地"；我与敌得之均有利之地，叫"争地"；我可以往、敌可以来之地，叫"交地"；与几个邻国接壤、先到达就取得邻国兵众援助之地，叫"衢地"；入敌境深、背后有敌人众多城邑阻隔之地，叫"重地"；山林、险阻、沼泽难于通行之地，叫"圮地"；进入之路狭隘、返回之地迂曲、敌人用少量兵力就可以打击我众多兵力之地，叫"围地"；奋力作战就生存、不奋力作战就死亡之地，叫"死地"。因此，在"散地"就守而不战，遇"轻地"不要停留，遇"争地"不要强攻，在"交地"不要断绝联系，在"衢地"要结交诸侯，在"重地"要掠取粮秣，遇"圮地"要迅速离去，在"围地"用奇谋脱险，在"死地"要速战求存。

<h1 style="text-align:center">二</h1>

【原文】

古之善用兵者，能使敌人前后不相及，众寡不相恃，贵贱不相救，上下不相收，卒离而不集，兵合而不齐。① 合于利而动，不合于利而止。② 敢问敌众整而将来，待之若何？③ 曰：先夺其所爱，则听矣。④ 兵之情主速，乘人之不及，由不虞之道，攻其所不戒也。⑤

【句解】

① "古之善用兵者"七句　　前后：先头部队、后继部队。不相及：不能相连属。众寡：主力与其一部。不相恃：不能相依赖。不相及、不相恃，是说"阵乱"（赵本学《孙子校解引类》，下同）。贵：地位高，指将帅、部将等。贱：地位低，指士卒。收：聚，不能相聚，亦不能相救之意。《通典》卷一五三、《御览》卷二九四"收"引作"扶"。扶，佐也，不能相佐，亦不能相救。不相救、不相收，是说"队乱"。不集：不合，无法收拢。不齐：零落散乱。不集、不齐，是说"溃散"。霎时间叫敌人阵乱、队乱、溃散，这便是妙于打突袭战的结果。这七句借总结"古之善用兵者"的作战经验，称赞突袭战法的战术效应。

《六韬·动静》："发我兵去寇十里而伏其两旁，车骑百里而越其前后，多其旌旗，益其金鼓。战合，鼓噪而俱起，敌将必恐，其军惊骇，众寡不相救，贵贱不相待，敌军必败。"

《尉缭子·兵谈》："重者如山如林，如江如河。轻者如炮如燔，如垣压之，如云覆之。令之聚不得以散，散不得以聚，左不得以右，右不得以左。"

②"合于利而动"二句　合于利：与利一致，即有利。有利则动，无利则止，是先秦时代的军事常语。此两句与上下文相结合而含有新意，谓突袭战的实施原则是有利则动，无利则止。

③"敢问敌众整而将来"二句　敢：谦词，犹冒昧。众：兵多。整：兵齐。将来：行将来攻。待之若何：如何待之。

④"先夺其所爱"二句　爱：惜。所爱，指要害之地、粮食、财帛、女子等珍惜之物。听：听命于我，由主动变为被动。使敌由主动变为被动，我即达成目的。这两句说突袭战要正确选择袭击方向。

《孙膑兵法·[五度九夺]》：使敌被动应战的方法："一曰取粮。二曰取水。三曰取津。四曰取途。五曰取险。……曰取其所读贵。凡九夺，所以趋敌也。"

《太白阴经·沉谋》："夫善用兵者，攻其所爱，敌必从；搞其虚，敌必随。"

⑤"兵之情主速"四句　情：犹"事"。主：犹"贵"。及：预也，汉简本"及"作"给"，备也，与"及"意相同，而"给"下有"也"字，当从之补正。不虞：意料不到。所不戒：没有戒备的地方。这四句说突袭战的行动要领——以敌意料不到的速度，经由意料不到的途径，打击意料不到的地方。

《逸周书·武称解》："先胜后，疾胜迟。"

《管子·兵法》："径乎不知，发乎不意。径乎不知，故莫之能御也；发乎不意，故莫之能应也。故全胜而无害。"又曰："速用兵则可以必胜"。

《六韬·兵道》："兵胜之术，密察敌人之机，而速乘其利，复疾击其不意。"

第一段讲"九地"，第二段却讲"突袭"：突袭战法的战术效应、实施原则、行动要领。在孙子看来，突袭战法是适应与符合"九地"地理环境特征的一种战法，是深入诸侯腹地有效克敌制胜的一种战法。

【韵语】

"古之善用兵者，能使敌人前后不相及，众寡不相恃，贵贱不相救，上下不相收，卒离而不集，兵合而不齐。"前四句二句间韵：恃、收，之幽合韵。后两句二句协韵：集、齐，缉微合韵（缉微合韵是旁对转）。

"兵之情主速，乘人之不及[也]，由不虞之道，攻其所不戒也。"二句间韵：及、戒，缉职合韵。（《诗·小雅·六月》："玁狁孔炽，我是用急。王于出征，以匡王国。"急、国,缉职合韵。例见王力《诗经韵读》,267 页。)汉简本"及"作"给";给,缉部,亦与"戒"相韵。

【译文】

古之善用兵者,能使敌军前后部伍不能相策应,大小部伍不能相依恃,官与兵无法相援,上级与下级无法相救,兵众溃散而无法收拢,收拢了也七零八落。(这是突然袭击。)有利就袭击,没有利就不袭击。请问:敌军众多而整齐地行将阻我袭击,如何待之? 回答是:先袭击其要害之地,敌军就会听我摆布了。突然袭击之事,贵在以敌人来不及防御的速度,经由意料不到的途径,攻击敌人戒备不到的地方。

三 之 一

【原文】

凡为客之道:①深入则专,主人不克;②掠于饶野,三军足食;谨养而勿劳,并气积力;③运兵计谋,为不可测。④

【句解】

①"凡为客之道"句　　客:自战其地为主,入人之地作战为客;诸侯争霸之军入人之地作战即是"客"。道:要领,指激励军心士气的要领。此下八句是客军的作战要领。

②"深入则专"二句　　深入:深入重地;专:军心专一,有必死之志。克:胜;主人不胜者,客专而主不专。深入重地,则士卒有必死之志。

《百战奇法·客战》:"凡战,若彼为主、我为客,唯务深入。深入,则为主者不能胜也。谓客在重地,主在散地故耳。法曰:'深入则专。'"

③"掠于饶野"四句　　饶野:多粮草的郊野;掠于饶野,则军食丰足。谨养:认真休整。并:聚,与"积"义同;气:士气。"并气积力",犹言养精蓄锐。疲于征途是客军之所弊,故务求养精蓄锐。军食丰足、厚养士卒,是军政有方;军政有方,则三军不易溃散。

《孙子·作战》:"取用于国,因粮于敌,故军食可足也。"

《百战奇法·养战》:"凡与敌战,若我军曾经挫衄,须审察士卒之气,气盛则激励再战;气衰则且养锐,待其可用而使之。法曰:'谨养勿劳,并气积力。'"

④"运兵计谋"二句　　运兵:部署兵力。计谋:筹划谋略。为不可测:为不可测之形;或"为",伪也,诈伪不可测。人为主我为客,敌军易于截获我机密,士卒易于产生畏敌之心,故强调"为不可测"。

《淮南子·兵略训》:"兵贵谋之不测也,行之隐匿也,出于不意不可设备也。谋见则穷,形见则制。故善用兵者,上隐之天,下隐之地,中隐之人。"

《草庐经略·诡谲》:"敌谋非诡不误,士众非谲不鼓。"

以下三个小分段分别阐释客军的作战要领——深入重地、军政有方、严守机密。

【原文】

投之无所往,死且不北;死焉不得,士人尽力。①兵士甚陷则不惧,无所往则固,入深则拘,不得已则斗。②是故其兵不修而戒,不求而得,不约而亲,不令而信,禁祥去疑,至死无所之。③吾士无余财,非恶货也;无余命,非恶寿也。④令发之日,士卒坐者涕沾襟,偃卧者涕交颐。⑤投之无所往,诸、岁之勇也。⑥

【句解】

①"投之无所往"四句　　投:置。之:指代军队。无所往:无生路可走之地,即死地。北:败逃。"投之无所往"两句即"深入则专"之意。士人:士卒,将士。这四句本是"顶针句":投之无所往,死且不北;死且不北,焉不得士人尽力。"死且不北,焉不得士人尽力"而作"死焉不得,士人尽力"者,是取四字成文而调整句式。置士卒于死地,死亦不背逃;死亦不背逃,怎么会不得士卒竭尽之力?这四句说士卒置于死地必竭力赴战。自此以下论客军的作战要领——深入重地。深入重地,即是"任势"。

《逸周书·大明武解》:"我师之穷,靡人不刚。"

《司马法·严位》:"凡战,以危胜(置之危地则必死战而可胜)。"

②"兵士甚陷则不惧"四句　　甚陷:深陷,指深陷敌境。不惧:无畏死之心。无所往:走无生路。固:军心稳固。入深:入敌境深,犹"甚陷"。拘:缚,是说心志专一、不分心。不得已:时势穷迫,不得不死里求生。斗:拼一死战。这四句说士卒置身危境,则萌必死之志。这就是"危则动"、"圆则行"。

《太白阴经·作战》:"夫战人者,自斗于其地则散,投之于死地则战。散者非能散,势不得不散;战者非能战,势不得不战。行止不在于木石,而制在于人;散战不在于人,而制在于势。此因势而战人也。"

③"是故其兵不修而戒"六句　　修:整治。戒:谨戒,指自我管束。求:要求,犹言动员。得:得其力,谓自动效力。约:约束。亲:团结。信:申。"不令而信",谓不令而令行。禁:自止。祥:妖祥之事,如占卜。疑:疑惑之言,如谣言。无所之:不逃离战阵。士卒自我管束,自动效力,自相团结,自守法令,自坚斗志,至死不散逃者,是不得已之势使之然也。这四句承上说士卒置身危境则以战事为己任,自动趋战。这便是"释人而任势"的结果。

《管子·兵法》:"深入危之,则士自修,士自修则同心同力。"

《淮南子·兵略训》:"故善用兵者,用其自为用也;不能用兵者,用其为己用也。用其自为用,则天下莫不可用也;用其为己用,所得者鲜矣。"

④"吾士无余财"四句　　无余财、无余命:无使财有余、无使命有余,意思是不爱财、不惜死。所以旧注引申为"烧焚财物"、"割弃性命"。汉简本"命"作"死"。"死",义同"命"。我士卒不爱财不怕死,不是厌恶财物与寿命,而是置身于危境之中全无苟生之意。

《吕氏春秋·论威》:"人性欲生而恶死,欲荣而恶辱。死生荣辱之道一,则三军之士可使一心矣。"

⑤"令发之日"三句　　令发之日:颁布军令、誓师赴战之日。沸:是"洟"形近之误。洟,《说文》:"鼻液也。"先秦古籍洟、涕(泪)常对举成文,《易·萃·上六》:"赍咨涕洟,无咎。"正义:"自目出曰涕,自鼻出曰洟。"《礼记·檀弓》:"主人深衣练冠,待于庙,垂涕洟。"此"沸沾襟、洟交颐"亦洟、涕对举之例,故疑"沸"为"洟"形近之误。又《武经》本以外各通行本之"涕沾襟"之"涕",亦"洟"形近之误。《说文解字注》"洟"字条下段玉裁注曰:"古书弟、夷二字多相乱,于是谓自鼻出者曰涕,而自目出者别制泪字,汉魏所用已如此。"足见"洟"之误为"沸"、"涕"由来已久。"坐者洟沾襟"两句为互文,意谓坐者泪涕沾襟,寝者泪涕交颐(面颊)。这三句承上说,士卒有必死之心,以至于"以死为约"(《十一家注》杜牧曰)。

《商子·画策》:"奚以知民之见用者也?民之见战也,如饿狼之见肉,则可用矣。凡战者,民之所恶也,能使民乐战者王。"

《淮南子·兵略训》:"故战日有期,视死若归。"

⑥"投之无所往"二句　　投之无所往:《十一家注》本作"投之无所往者"。"者",语气助词,表假设。从上下文义来看当据《十一家注》本补"者"字。诸:专诸,春秋时吴国勇士。吴公子光欲杀吴王僚而自立,令专诸于宴饮中刺之。王僚自王宫至公子光家列兵守候,戒备森严。专诸毫无惧色,藏剑鱼腹之中,从容刺

杀王僚。岁：同"刿"，曹刿，又名曹沫，春秋时鲁国勇士。鲁败而割地于齐，鲁庄公与齐桓公歃盟，曹沫手持匕首劫持齐桓公，要求归还鲁地，"颜色不变，辞令如故"。这两句说，一旦将他们投之于绝地，人人忘死相拼，死里求生，并为上文"投之无所往，死且不北"作结。

【韵语】

"凡为客之道：深入则专，主人不克；掠于饶野，三军足食；谨养而勿劳，并气积力；运兵计谋，为不可测。"二句间韵：克、食、力、测，职部。四个间韵、同协一韵，在文字之外点明了"为客之道"有平列的四个要点。

"投之无所往，死且不北；死焉不得，士人尽力。"二句间韵：北、力，职部。

"兵士甚陷则不惧，无所往则固，入深则拘，不得已则斗。"二句一转韵：惧、固，鱼部；拘、斗，侯部。

"是故其兵不修而戒，不求而得，不约而亲，不令而信，禁祥去疑，至死无所之。"二句一转韵：戒、得，职部；亲、信，真部；疑、之，之部。

【译文】

客军的作战要领是：深入敌境，军心专一，敌人就不能战胜我；在敌国富饶的郊野掠取粮草，全军就有充足的给养；精心休养士卒，不使其疲劳，激励士气，蓄积力量；部署兵力，筹划谋略，诡谲难测。

置士卒于死地，他们至死也不背逃；死也不背逃，士卒怎么会不竭力赴战？士卒深陷危境就无畏死之心，没有退路就军心稳固，深入敌境就心志专一，时势穷迫就拼一死战。所以，这样的军队不用整治就会自我管束，不用动员就能自动效力，不用约束就能自相团结，不用下令就能自动遵守纪律，自行去除迷信、不信谣言，至死不逃离战阵。我士卒不爱财不怕死，不是厌恶财物与寿命，而是置身于危境之中全无苟生之意。当战斗命令发布之时，士卒坐着的涕泪沾湿衣襟，躺着的涕泪横交两颊。一旦把他们置于没有退路的绝境，他们就会像专诸、曹刿一样勇敢。

三之二

【原文】

故善用兵者，譬如率然——率然者，常山之蛇也，击其首则尾至,击其尾则首至,击其中则首尾俱至。①敢问可使如率然乎？曰可。夫吴人与越人相恶也,当其同舟济而遇风,其相救也如左右手。②是故方马埋轮,未足恃也;齐勇若一,政之道也;刚柔皆得,地之理也。③故善用兵者,携手若使一人,不得已也。④

【句解】

①"故善用兵者"七句　　率然:常山之蛇,击其尾则首相应,击其首则尾相应,击其中则首尾相应。率,犹"速",击之则速然相应,故名之曰"率然"。这七句比喻说,善用兵者深入诸侯腹地,其兵如常山之蛇一样灵活自如。合少为多、分多为少,做到以一当十,使战场上的敌我力量对比发生根本的变化。自此以下论客军的作战要领——军政有方。

《诸葛亮集·便宜十六策·治军》:"以虑相备,强弱相攻,勇怯相助,前后相赴,左右相趋,如常山之蛇,首尾俱到。此救兵之道也。"

②"夫吴人与越人相恶也"三句　　吴、越:春秋末两个世相仇雠的敌国。恶:不睦。济:渡。同舟济而遇风:比喻不得已之"势"。相救如左右手:比喻兵众的分与合相应协调,如左右手一样默契。这四句以舟济遇风使吴越之人相救,比喻不得已之"势"可使兵众的分与合如率然,以回应上"敢问"句。

《邓析子·无厚》:"同舟渡海,中流遇风,救患若一,所忧同也。"

《淮南子·兵略训》:"故同利相死,同情相成,同欲相助。""同舟而济于江,卒遇风波,百族之子,捷掉招(櫂)枻船,若左右手,不以相德,其忧同也。"

③"是故方马埋轮"六句　　方马:系绊马足,使之不去。埋轮:埋没车轮,使之不动。恃:靠。与"同舟济而遇风"相比,"方马埋轮"不是不得已之"势",故谓使士卒如率然,此法"不可恃"。齐勇若一:使三军之众同勇如一,而无怯者。政之道:军政有方,指兵力部署得当——置士卒于"舟济而遇风"那样的危境中,指挥士卒分与合如率然首尾相应那样灵活。刚柔皆得:谓能力强弱不一的士卒,各尽其力,与"齐勇若一"相对。地:地理环境。理:道也,变文避复。地之理:因地运势得法,与"政之道"相对。"齐勇若一,政之道也;刚柔皆得,地之理也"互文,谓三军齐勇若一,强弱各尽其力,是"政之道"、"地之理"造成不得已之"势"的结果。这六句从反正两面说,要使士卒如率然那样分与合,只能依靠军政、地势所造成的不得已之"势"。

④"故善用兵者"三句　　携手:举手指挥,意思是指挥三军之众以"分"与"合"与敌相斗。若使一人:如指挥一个人。军心专一,勇怯相助,前后相赴,左右相趋,如首尾相救的常山之蛇,如左右手相救的吴越之人。不得已:指军政、地势

所造成的令士卒不得不尽力、不容不相救的不得已之"势"。这三句承"政之道"、"地之理"为上文作结。

> 《黄帝四经·十大经·本伐》："道之行也,由不得已。由不得已则无穷。"

【韵语】

"击其首则尾至,击其尾则首至,击其中则首尾俱至。"句首互韵、叠字韵、三句韵之(○○○)式:至、至、至,质部;击、击、击,锡部。

"是故方马埋轮,未足恃也;齐勇若一,政之道也;刚柔皆得,地之理也。"二句间韵、三句韵之(○○○)式:恃、道、理,之幽之合韵。

【译文】

善于用兵的人,他的兵众分与合像"率然"一样——所谓"率然",是常山之蛇,打它的头,尾就来相救;打它的尾,头就来救应;打它的身腰,头和尾部来救应。请问可以使三军兵众的分与合像"率然"一样吗?回答:"可以。"吴人与越人是世相为仇的,但当他们同船渡河遇大风之时,却能相互救助如左右手一样契合(不得已之"势"所使然)。因此,想用系缚战马、深埋车轮的方法使三军之众如"率然"那样与敌相斗,那是靠不住的;士卒人人都勇敢,强与弱的士卒都尽力,这是军政有方、因地运势得法所造成的。所以,善于用兵的人,指挥三军之众与敌相斗如一个人那样,靠的是军政、地势所造成的令士卒不得不尽力、不容不相救的不得已之"势"。

三 之 三

【原文】

将军之事,静以幽,正以治。①能愚士卒之耳目,使之无知。②易其事,革其谋,使人无识;易其居,迂其途,使人不得虑。③帅与之期,如登高而去其梯;帅与之深入诸侯之地,而发其机。④若驱群羊,驱而往,驱而来,莫知所之。⑤聚三军之众,投之于险,此将军之事也。⑥

【句解】

①"将军之事"三句　将：率也；"将军之事"，统帅三军之事，即指挥打仗之事。静以幽：沉着冷静而幽深莫测。静而幽，是就谋事说的，强调"智"。正以治：公正严明而治理有方。正而治，是就统军说的，强调"信"。置士卒于危境，要以智与信去严守军事机密，故承上文而讲"将军之事"。自此以下论客军的作战要领——严守机密。

《诸葛亮集·心书·将才》："奇变莫测，动应多端，转祸为福，临危制胜，此谓智将。进有厚赏，退有严刑，赏不逾时，刑不择贵，此谓之信将。"

②"能愚士卒之耳目"二句　愚：误也。能愚士卒之耳目：能瞒过士卒的耳目，是说使士卒对敌情我情一无所知，从而无畏敌之心。使之无知：使之对军事行动毫无所知。汉简本作"使无之"。之，往也，指逃遁；"使无之"，使之不逃遁。《孙膑兵法·[将失]》："兵遁，可败也。"亦防止士卒畏敌而逃遁。汉简本作"使无之"，义长可从。这两句说愚士卒耳目的目的是防止士卒畏敌而逃遁。

《草庐经略·愚众》："所谓将军之事静以幽者，皆所以愚士卒之耳目，而使之无畏敌也。"

《草庐经略·尚秘》："兵者，机事也。机不深藏，使士卒得窥其际，敌人闻之而预备矣。故兵之所加，兵不先知，且示安暇。侦敌无备，然后速进，此进师之秘也。"

③"易其事"六句　易：改，与"革"义同，意谓经常变更。事：指军事行动。人：指士卒。无识：无法识破我的机密。居：指驻地。迁其途：故意绕远路行军。不得虑：无从推测我的意图。这六句说如何"愚耳目"，即如何严守机密。

《三略·上略》："《军谶》曰：将谋欲密。""将谋密，则奸心闭。""将谋泄，则军无势；外窥内，则祸不制。"

《孙膑兵法·官一》："隐匿谋诈，所以钓战（引敌上钩）也。"

④"帅与之期"四句　帅：将帅。之：指士卒。期：到预定的地点，指到危险的战地。登高而去其梯：意谓置之于死地而使之不能退。而：如。发：拨。机：弩机。发其机，意谓陷之于危境而使之不能返。《十一家注》本于"而发其机"之下复有"焚舟破釜"四字。此四字当是"而发其机"句之注文，后之抄书者涉注文而入正文，当删去。这四句说将帅用权谋置士卒于危境以取胜。

《太白阴经·队将》："师兴之日登高去其梯，入诸侯之境废其梁。役之以事，勿告之以谋，语之以利，勿告之以害，则士可以得其心而主其身。如此，则生死聚散，听之于我。"

⑤ "若驱群羊"四句　群羊：喻耳目愚之士卒。驱而往、驱而来：喻士卒驯然从命。莫知所之：没有人知道要到哪里去，喻士卒随将领指向哪里就到哪里。这四句说"愚耳目"的效应是士卒进退唯将命是从。

《太白阴经·队将》："智者之使愚也，聋其耳，瞽其目，迷其心，任其力，然后用其命，如驱群羊，驱而往，驱而来，莫知所之。"

《草庐经略·愚众》："'如驱群羊，驱而往，驱而来，莫知所之。'此非万众独愚，一人独智也，驾驭之权，操之在将，而受其驭者必受其愚。即间有微知，而法施于不敢逆，势极于无所逃，又不得不勉从之也。"

⑥ "聚三军之众"三句　险：险境。这三句与上"将军之事"呼应，故曰"此将军之事也"。

【原文】

九地之变，屈伸之利，人情之理，不可不察也。

【句解】

九地之变：各种地理环境的活用。屈伸之利：屈中求伸之利。情：指心理。理：道，指规律，士卒在不同地理环境中的心理变化规律。如士卒深陷危亡之地就不怕死，没有退路就军心稳固，愚其耳目然后不畏敌，驯服如羊然后有诸、刿之勇，即是"九地之变"、"屈伸之利"，也是"人情之理"。三者皆将帅所宜知晓，故曰"不可不察也"。自"凡为客之道"起对客军的作战要领——深入重地、军政有方、严守机密的论述，至此终结。下一段承"凡为客之道"之余绪再作讨论，亦始于此。由是观之，这四句是承上启下之语。

"九地之变，屈伸之利，人情之理"三句，以精粹的语言概括出"为客之道"的基本内容、军事效应及其哲学内涵，这是解读"为客之道"的一把钥匙。

《周易·系辞下》："日往则月来，月往则日来，日月相推而明生焉；寒往则暑来，暑往则寒来，寒暑相推而岁成焉。往者屈也，来者信(伸)也，屈信相感而利生焉。尺蠖之屈，以求信也；龙蛇之蛰，以存身也。"

【韵语】

"将军之事，静以幽，正以治。"二句协韵：幽、治，幽之合韵。

"易其事，革其谋，使人无识[1]；易其居，迂其途，使人不得虑。[2]"两个三句韵（○○○）式：1. 事、谋、识，之之职通韵。2. 居、途、虑，鱼部。

"帅与之期，如登高而去其梯；帅与之深入诸侯之地，而发其机。"二句间韵：

梯、机,微脂合韵。以韵证之,"焚舟破釜"亦非正文。

"若驱群羊,驱而往,驻而来,莫知所之。"三句韵之(×〇〇)式:往,阳部,不韵;来、之,之部。

【译文】

指挥军队打仗的事情,要沉着冷静而深邃难测,公正严明而治理有方。能瞒过士卒的耳目,使他们不逃离战阵。经常变更部署,变更计划,使人无法识破作战机密;变换驻地,绕路远行,使人无法测度作战意图。将帅把士卒投放到预定的战地,像登高而抽去梯子,叫他们可进而不能退;将帅率领士卒深入诸侯内地,像张弩而发出的箭,叫他们可往而不能返。叫士卒如被驱赶的羊群,赶来则来,赶去则去,随将帅指向哪里就到哪里。调集全军将士,把他们置于危境,这就是"将军之事"。

各种地理环境的灵活运用,屈中求伸的利害转化,士卒心理的变化规律,是将帅不能不认真研究的。

四

【原文】

凡为客之道,深则专,浅则散。①去国越境而师者,绝地也:四通者,衢地也;入深者,重地也;入浅者,轻地也;背固前隘者,围地也;无所往者,死地也。②是故散地吾将一其志,③轻地吾将使之属,④争地吾将趋其后,⑤交地吾将谨其守,⑥衢地吾将固其结,⑦重地吾将继其食,⑧圮地吾将进其途,围地吾将塞其阙,死地吾将示之以不活。⑨故兵之情,围则御,不得已则斗,过则从。⑩

【句解】

①"凡为客之道"三句　道:规律。深、浅:入敌境深、浅。专、散:军心士气的专一、涣散。前"为客之道"(三之一)专论客军的作战要领,此"为客之道"侧重于论述客军士卒心理变化的规律,主张利用地理环境来巩固军心激励士气。

②"去国越境而师者"十二句　去国:离开本国。越境:入人之境。师:战。绝地:与本国隔绝,故称"绝地"。下之"衢地"、"重地"、"轻地"、"围地"、"死地",都指与本国隔绝一类的地理环境,可见此"绝地"是共名,与《九变》"绝地无

留"之绝地含义不同,也不是"九地"之外的第十个专名。这十二句概述衢、重、轻、围、死等地的特征,为下文"因地运势"作立论依据。

③"是故散地吾将一其志"句   一其志:使士卒斗志专一。散地之卒,战则易于逃散,此"一其志"即是因地运势的战术措施。自此以下论述九种因地运势的战术措施。

④"轻地吾将使之属"句   属:"使相属续,以备不预,以防逃遁。"(《十一家注》张预曰)而汉简本"属"作"偻"。偻,疾也。《公羊传·庄公二十四年》:"夫人不偻,不可使入。"何休注曰:"偻,疾也,齐人语。""吾将使之偻"者,谓处轻地者,当使士卒迅速进入重地以固军心,勿使轻于退还也。第一段有"轻地则无止"句,此"偻"(疾)正与"无止"相应。"偻"义长于"属"。

⑤"争地吾将趋其后"句   趋其后:"利地在前,当速进其后也。"(《十一家注》曹操曰)而汉简本"趋其后"作"使不留"。"不留"者,谓敌已据争地则主动撤走,免受过大的损失。《地形》篇:"险形者,我先居之,必居高阳以待敌;若敌先居之,引而去之,勿从(攻)也。"《十一家注》王晢曰:"此亦争地。"是本文之"争地"即《地形》之"险形者"。简本之"不留",即《地形》之"引而去之"也。简本所引亦可取。

⑥"交地吾将谨其守"句   谨:谨慎,严格。谨其守:汉简本作"固其结"。《通典》卷一五九所引与简本同。结:指要津。交地道路便捷,易受袭击,故当固守其要津。简本义长,可从。

⑦"衢地吾将固其结"句   固其结:汉简本作"谨其恃"。《通典》卷一五九引作"谨其市",文字与简本相近;恃、市,音近。谨:恭敬。恃:依、赖,指所恃之邻国。衢地三属,能取得几个邻国的援助,故当恭敬地对待所恃之邻国。简本义长,可从。

⑧"重地吾将继其食"句   继其食:"将掠彼也。深入当继其粮,不可使绝也。"(《十一家注》杜佑曰)汉简本作"趋其后",意为迅速进入敌后以掠取粮草也。《孙膑兵法·五名五恭》:"深沟重垒以难其粮。"主军会用各种手段使我补给困难,故必须"趋其后",主动筹措粮草,始能保障给养。简本义长,可从。

⑨"圮地吾将进其途"三句   进:自勉强也。"进其途",强令士卒急速越过去。《十一家注》曹操曰:"疾过去也。"得"进"字之义。阙:缺口。围地地形险阨,故当自塞缺口,以坚士卒必死之志。示不活:示必死之志,如弃粮、焚辎重、塞井夷灶即是;死地无生路可走,故当激励士卒决一死战。

⑩"故兵之情"四句   兵之情:士卒的心志。御:抵抗。不得已:被形势逼迫。过:犹"祸"。《诗·商颂·殷武》:"勿予祸适。"王念孙《广雅疏证·补正》"过"字条下曰:"祸读为过。"《战国策·赵策一》:"而祸及于赵。"马王堆汉墓帛书本"祸"作"过",是其证。祸,谓陷于危难。从:听从,谓陷于危难,则无所不从。

这四句总结上文,说利用地理环境可以巩固军心,与段首"深则专、浅则散"相呼应。下一段承"因地运势"之余绪,讨论"霸王之兵"的问题。

《尉缭子·武议》:"鸷鸟逐雀,有袭人之怀、入人之室者,非出生(性),后有悍也。"

【韵语】

"凡为客之道,深则专,浅则散。"专、散,元部,二句协韵。

"是故散地吾将一其志,轻地吾将使之属(使之偻),争地吾将趋其后(使不留)[1],交地吾将谨其守(固其结),衢地吾将固其结(谨其恃),重地吾将继其食(趋其后)[2],圮地吾将进其途,围地吾将塞其阙,死地吾将示之以不活[3]。"1. 三句韵之(○○○)式:志、偻、留,之侯幽合韵。2. 三句韵之(×○○)式:结,质部,不韵;恃、后,之侯合韵。3. 三句韵之(×○○)式:途,鱼部,不韵;阙、活,月部。按汉简本补正,九句为韵语。

"故兵之情,围则御,不得已则斗,过则从。"三句韵之(×○○)式:御,鱼部,不韵;斗、从,侯东通韵。

【译文】

大凡客军的作战规律,入敌境深就斗志专一,入敌境浅就心志分散。离开本土而入人之境内作战,这战地叫绝地:四通八达的叫"衢地",入敌境深的叫"重地",入敌境浅的叫"轻地",后有山险前有隘路的叫"围地",走无生路的叫"死地"。因此,在"散地",要使士卒斗志专一;在"轻地",要使士卒迅速深入敌境以固军心;在"争地",如敌先占领要害之地,就主动撤走;在"交地",要固守其要津;在"衢地",要恭敬地对待我所依赖的邻国;在"重地",要迅速进入敌后掠取粮草;在"圮地",要强令士卒急速越过去;在"围地",要自塞缺口以坚必守之志;在"死地",要向士卒表明必死之志。士卒的心志,被敌军包围就奋力抵抗,为不得已之势所迫就拼死战斗,陷于危难就无不听命。

五

【原文】

是故不知诸侯之谋者,不能豫交;不知山林、险阻、沮泽之形者,不能行军;不用乡导者,不能得地利。①四五者,一不知,非霸王之兵也。②夫霸王之兵,伐大国,则其众不得聚;威加于敌,则其交不得合。③是故不争天下之交,不养天下之权,信己之私,威加于敌,故其城可拔,其国可隳。④施无法之赏,悬无政之令,犯三军之众,若使一人。⑤犯之以事,勿告以言;犯之以利,勿告以害。⑥投之亡地然后存,陷之死地然后生。⑦夫众陷于害,然后能为胜败。⑧

【句解】

① "是故不知诸侯之谋者"六句　　此六句首见于《军争》篇,重见于此,各与上下文融为一体。在《军争》者,谓知诸侯之谋、知地形、知地利,才能以迂直之计与敌争先机之利;在这里则指霸王之兵必须先胜而后战。

② "四五者"三句　　四五者:旧注以"四五"为"九",谓九地之利害;茅元仪《兵诀评》作"此三者",指上句知诸侯之谋、知地形、知地利三者,义长可从,故兹从之。一不知:有一不知,谓三者皆极重要,《十一家注》张预曰:"有一不知,不能全胜。"霸王:犹"伯主",春秋时的诸侯首领。霸王之兵,指能入侵诸侯列国、成就霸业之军。此三句承上说,霸王之兵必须拥有充足的"先胜"条件,艰巨的霸业才有可能建立起来。

　　《管子·霸言》:"霸王之形:象天则地,化人易代,创制天下,等列诸侯,宾属四海,时匡天下。大国小之,曲国正之,强国弱之,重国轻之;乱国 并之,暴王残之;僇(戮)其罪,卑其列,维其民,然后王之。夫丰国(自丰其国)之谓霸,兼正之国(兼能正他国)之谓王。"

③ "夫霸王之兵"五句　　大国:强国。霸王之业要"大国小之",削弱强国,故伐之。众:军队。古时的"众",平时耕作,战时作战。不得聚:是说袭击迅猛,使敌军来不及动员和集中。威:武力,兵威。交:指同盟国。合:应援。交不得合,是说兵威显赫,使敌国的盟国不敢应援。这五句承上说,霸王之兵拥有强大的军事实力,才能扫除霸业道路上的一切障碍。

　　《尉缭子·制谈》:"独出独入者,王霸之兵也。"

④ "是故不争天下之交"六句　　天下之交:诸侯中的盟国。养:犹"奉",事奉。天下之权:诸侯中的权威。霸王之业要给诸侯分列等次、削弱强国,所以不争取盟国、不事奉诸侯中的权威。信:伸,伸张。私:利。扩张自己的利益,靠的是以兵威侵凌大国。隳:毁也。一面纠缠诸侯,一面动用武力,大国就攻不下;不纠缠诸侯而专凭自己的实力,大国就能攻下。这六句承上说,争夺霸业最根本之点是依靠自己国力的强大,不寄希望于外交支援和缔结同盟。

　　《管子·七法·选陈》:"不远道里,故能威绝域之民。不险山河,故能服恃固之国。独行无敌，故令行而禁止。攻国救邑，不恃权与之国，故所指必听。"

《商子·画策》："恃天下者，天下去之；自恃者，得天下。得天下者，先自得者也。能胜强敌者，先自胜者也。"

《韩非子·饰邪》："故恃鬼神者慢于法，恃诸侯者危其国。"

⑤"施无法之赏"四句　无法之赏：军法常规以外的奖赏。悬：挂，颁布的意思。无政之令：军政常规以外的命令。《十一家注》曹操曰："瞻功行赏，法不预设；临时作誓，政不先悬。"这两句说的正是因功行赏、以时定令的意思。犯：动，驱使。这四句说，霸王之兵依据深入诸侯九地作战的新形势，必须革新士兵管理教育的方法，如随时变通法令，则三军之众易于统御。

《管子·兵法》："因便而教，准利而行。教无常，行无常。两者备施，动乃有功。"

⑥"犯之以事"四句　犯之以事：谓以任务来驱使士卒。言：谋也。《太白阴经·队将》："役之以事，勿告之以谋；语之以利，勿告之以害。"正以"谋"释"言"。

《草庐经略·愚众》：勿告以言、勿告以害者，"或激之以使奋，或诱之而使趋；或置之死地，令有决胜之心；或绝其生途，令有必守之念；施无法之赏，而令贪者忘其身；悬无政之令，而使惮者勇于赴。大都笼络众心，鼓舞众志。"

⑦"投之亡地然后存"二句　变文以成辞，以强调必死则生之意。《史记·淮阴侯传》引作："陷之死地而后生，置之亡地而后存。"《汉书·韩信传》引作："陷之死地而后生，投之亡地而后存。"这两句承上文，谓勿告以谋、勿告以害，正为死亡中求生存。

《吴子·治兵》："凡兵战之场，立尸之地，必死则生，幸生则死。"

《尉缭子·兵教下》："指敌忘身，必死则生。"

《鹖冠子·天权》："兵者涉死而取生，陵危而取安。"

⑧"夫众陷于害"二句　害：指死地、亡地。"夫众陷于害"句，是"施无赏之法"以下十句的概括。能为胜败：能主宰胜负的主动权。"然后能为胜败"句，是"夫霸王之兵"以下十一句的概括。这两句说因地运势，然后能独往独来，为上文霸王之兵兼并列国的经验作结，也与第四段末"故兵之情，围则御，不得已则斗，过则从"四句相呼应。

《兵经百字·巧》："以活行危而不危，翻安为危而复安，舍生趋死、向死得生以成事，是谓反出之巧。"

【韵语】

"是故不知诸侯之谋者，不能豫交；不知山林、险阻、沮泽之形者，不能行军；不用乡导者，不能得地利。"三句韵之(×○○)式：交，宵部，不韵；军、利(脂、微不分)，文微通韵。六句为韵语。

"施无法之赏，悬无政之令，犯三军之众，若使一人。"二句间韵：令、人，耕真合韵。

"犯之以事，勿告以言；犯之以利，勿告以害。"二句间韵：言、害，元月通韵。

【译文】

不了解诸侯国的意向，就不能与之结交；不熟悉山林、险阻、沮泽等地形，就不能行军作战；不用敌方乡土之人作向导，就不能利用地形之利。（没有先胜的条件，就不能入人之国。）这三条，有一条不掌握，不能算霸王之兵。霸王之兵攻伐大国，使其兵众来不及动员和集中；武力侵凌敌人，使其盟国不敢应援。所以，不争取诸侯中的盟国，不事奉诸侯中的权威，扩大自己的利益，靠的是以兵威侵凌敌人，就能攻克敌人的城邑，摧毁敌人的国都。打破常规，因公行赏，以时定令，则驱使三军将士，如驱使一个人。用"事"驱使士卒，不要将"谋"告诉他们；用"利"驱使士卒，不要将"害"告诉他们。投入亡地然后能生存，陷入死地然后能不死。那士卒陷于危险的境地，然后能主宰胜负的主动权！

六

【原文】

故为兵之事，在顺详敌之意，并敌一向，千里杀将，是谓巧能成事。①是故政举之日，夷关折符，无通其使，厉于廊庙之上，以诛其事。②敌人开阖，必亟入之；③先其所爱，微与之期；④践墨随敌，以决战事。⑤是故始如处女，敌人开户；后如脱兔，敌不及拒。⑥

【句解】

①"故为兵之事"五句　　为兵之事：用兵打仗之事，指霸王之兵深入诸侯

腹地之事。详：通"佯"，诈也、愚也。"顺详敌之意"，顺敌之意而诈之愚之。并敌：语意不明，当从《兵诀评》所引改作"并力"，集中兵力的意思。一向：朝着一个目标或一个方向。千里杀将：奔袭千里，杀敌将领。这便是突袭战的功效。巧能成事：当时成语，巧妙地取胜的意思。以"顺佯敌意"始，以"千里杀将"终，故以"巧能成事"一语作证。这五句承上文说霸王之兵深入诸侯腹地采用的是突袭战法，与第二段"古之善用兵者"的突袭战法相呼应。自此以下系统总结突袭战法的原则与方法。

《兵经百字·顺》："大凡逆之愈坚者，不如顺之以导瑕。敌欲进，羸柔示弱以致之进；敌欲退，解散开生以纵之退；敌倚强，远锋固守以观其骄；敌仗威，虚恭图实以俟其情。致而掩之，纵而擒之，骄而乘之，情而收之。"

②"是故政举之日"五句　政：军政，指军事决策。举：立，决定的意思。夷关：封闭关卡。符：符节，古人以它作为传达命令、调动军队、通过关卡的凭证，以铜、或竹为之，中分为二，短者仅三寸，长者至尺，以长短别其等，故"断毁"之称为"折"。折符，即销毁通行凭证。使：外交使节。厉：合也，谓君臣集合。诛：治。诛其事，谓研究决定作战大计。"夷关折符，无通其使"，而后"厉"、"诛"，是说慎于保密。这五句以政举之日"厉"、"诛"战事为例，说策划突袭必先防止走漏消息，使敌无见无闻。

《六韬·三疑》："凡攻之道，必先塞其明，而后攻其强，毁其大。"

③"敌人开阖"二句　阖：门扇。汉简本"阖"作"阓"。阓，也是门扇。"开阖"，打开门扇，是出现可乘之隙的形象说法。亟入：迅速入侵，谓不失其机会。这两句说突袭要乘虚而入，善于捕捉战机。

《六韬·军势》："善战者，见利不失，遇时不疑。失利后时，反受其殃。故智者从之而不释，巧者一决而不犹豫，是以疾雷不及掩耳，迅电不及瞑目，赴之若惊，用之若狂，当之者破，近之者亡，孰能御之。"

《淮南子·兵略训》："故善用兵者，见敌之虚，乘而勿假也，追而勿舍也，迫而勿去也；击其犹犹，陵其与与，疾雷不及塞耳，疾霆不暇掩目。"

④"先其所爱"二句　先其所爱：先夺取敌人的要害。微与之期：不约期而战，即不宣而战，突然袭击。这两句说先袭击要害，使敌丧失主动权。

《孙膑兵法·官一》："不意侍卒，所以昧战也。"

《管子·小问》："公曰：'攻取之数何如？'管子对曰：'毁其备，散其积，夺之食，则无固城矣。'"

⑤"践墨随敌"二句　践：执行。墨：绳墨，指已定作战方案。"践墨"，一

作"划墨"（《十一家注》陈皞曰）。划，除也。墨，绳墨。"划墨随敌"，谓不墨守成规而随敌变化。"划墨"义长，可从。战事：作战行动。这两句说突袭不能墨守成规，要因敌制胜。乘虚而入、先袭要害、因敌制胜，是突袭战法要点，与上"并力一向"相应。

《司马法·定爵》："视敌而举。"

《孙子·虚实》："兵无常势，水无常形，能因敌变化而取胜者，谓之神。"

⑥ "是故始如处女"四句　　处女：未嫁女子，此指安静柔弱的样子。开户：如"开阖"，出现可乘之机的形象说法。脱兔：脱逃之兔，比喻行动迅疾。拒：抵抗。先以处女柔弱之形诱敌开户，复以脱兔疾速之势袭之，故胜于易胜。这四句是"顺佯敌意、并力一向"的形象描绘，也是"奇正相变"作战原则在突袭战中形象表现。

《孙子·兵势》："故善动敌者，形之，敌必从之；予之，敌必取之。以利动之，以本待之。"

《淮南子·兵略训》："始如狐狸，彼故轻来；合如兕虎，敌故奔走。夫飞鸟之挚也俛其首，猛兽之攫也匿其爪，虎豹不外其牙，噬犬不见其齿。故用兵之道，示之以柔而迎之以刚，示之以弱而乘之以强，为之以歙而应之以张，将欲西而示之以东，先忤而后合，前冥而后明，若鬼之无迹，若水之无创。"

【韵语】

"是故政举之日，夷关折符，无通其使，厉于廊庙之上，以诛其事。"二句间韵：使、事，之部。

"敌人开阖，必亟入之；先其所爱，微与之期，践墨随敌，以决战事。"二句间韵、三句韵之（○○○）式：之（助词入韵）、期、事，之部。

"是故始如处女，敌人开户；后如脱兔，敌不及拒。"四句一韵：女、户、兔、拒，鱼部。

【译文】

用兵打仗之事，顺敌之意而诈之愚之，敌一现形，集中兵力朝着一个目标进攻。虽千里之遥，亦可杀其将，这是"巧妙地取胜"。因此军政大事决定之日，封闭关卡，销毁符节，不许敌国使者通行，然后君臣集合于庙堂之上，研究、制定作战大计。敌方一出现可乘之隙，即迅速侵入；先夺要害，不宣而战；不墨守成规，随敌计来决定袭击行动。开始呵，柔弱得像一个处女，让敌人自己打开门扇；然后呵，迅猛得像一只脱逃的兔子，叫敌人来不及抵御。

火攻第十二

"火攻",以火攻敌。火攻是一种惨烈的作战手段,能使敌方的人马辎重霎时之间消失殆尽,但不慎于施用,就会走向反面,胜而复败,陷于"凶"的结局。本篇总结了前人火攻的方式、条件和方法,而着重从战略全局来分析火攻失利的原因,并提出火攻的三原则。全篇的结论是:实施火攻,应着眼全局,服从战略的目的,这是安国全军的关键。

孙子认为使用某种作战手段要从战略高度去衡量,使它在新的形势中发挥正确作用,以达到预期的战略目的。虽然火攻这种作战手段已经过时,但孙子这种战略思想的价值是永恒的。

一

【原文】

孙子曰:凡火攻有五:一曰火人,二曰火积,三曰火辎,四曰火库,五曰火队。①行火必有因,烟火必素具。②发火有时,起火有日。③时者,天之燥也。日者,月在箕、壁、翼、轸也——凡此四宿者,风起之日也。④

【句解】

①"凡火攻有五"六句　火:用火烧。人:士卒。"火人",用火攻击敌方部队。积:聚,储备,指粮草等。"火积",焚烧敌军囤积的物资。辎:辎重,随军运输的军用器械、粮秣等。"火辎",焚烧随军的物资。库:储存物资的仓库。"火库",焚烧敌后储存物资的仓库。队:通"隧",隧道,泛指道路。《左传·成公十三年》:"及秦师战于麻隧。"《史记·晋世家》"麻隧"作"麻队",是其证。"火队",烧毁敌人的交通运输道路。其方式之多,可见火攻用途之广。

②"行火必有因"二句　行火:施行火攻。因:依,凭借,即条件,"如天旱、风顺、草近及有奸细之类"(《兵诀评》)。烟火:火攻器材,如火石、火箭等装备。素:平时。具:具备。

《虎钤经·火利》:"将有火之用,先知其日,次顺其风。"

《孙膑兵法·十阵》:"火战之法,沟垒已成,重为沟堑,五步积薪,必均疏数,从役有数,令之为属枕,必轻必利。"

③"发火有时"二句　　时:天时。日:日子。

④"日者"四句　　箕、壁、翼、轸:星宿名。箕,东方苍龙七宿之一;壁,北方玄武七宿之一;翼、轸,南方朱雀七宿之二。古人认为月球运行在上述四星位置的日子,是会起风的。《春秋纬》:"月丽于箕,风扬沙。"《管窥辑要》:"月晕壁,风起;月宿壁,不风则雨。""月晕翼,大旱、大风、多雾。"《史记·天官书》:"轸为车,主风。"占星术来源于人们的生活经验,在古代是一种科学。宿:月之所宿。"四宿者",月球运行在这四星星空区域之时。

《虎钤经·火攻》:"月对东壁南箕翼轸之夕,则设火候风以焚之。"

【译文】

孙子说:火攻共有五种方式:一是用火攻击敌军人马,二是焚烧敌军囤积的物资,三是焚烧随军运输的物资,四是焚烧敌后储存物资的仓库,五是焚毁敌军的交通运输道路。施行火攻必须有条件,放火器材必须平时准备妥当。发动火攻要看天时,放火要选日期。所谓天时,是天旱天燥之时。所谓日期,是月亮行于"箕"、"壁"、"翼"、"轸"四星位的日期——月亮行经此四星位之时,是起风的日期。

二

【原文】

凡火攻,必因五火之变而应之。①火发于内,则早应之于外。②火发而其兵静者,待而勿攻;极其火力,可从则从之,不可从则止。③火可发于外,无待于内,以时发之。④火发上风,无攻下风。⑤昼风久,夜风止。⑥凡军必知五火之变,以数守之。⑦

【句解】

①"凡火攻"二句　　因:依,根据。五火之变:以下五种火攻的变化情况。应之:采取相应措施。"因字从变字出,应字自因字来,有见可而进、知难而退、相机制宜、不容执滞意。"(李贽《孙子参同》)

②"火发于内"二句　　发于内：谓使间谍纵火于敌营之内。早应于外：及时从外部策应。《十一家注》杜牧曰："闻火初作即攻之,若火阑众定而攻之,当无益,故曰'早'也。""表里齐攻,敌易惊乱"也(《十一家注》张预曰)。这是应变的方法之一。

《孙膑兵法·十阵》："以火乱之,以矢雨之,鼓噪敦兵,以势助之。"

③"火发而其兵静者"五句　　火发：火烧起来。火作而静者,"是必敌人先知预备,救火有法,应敌有道;或所焚者不为害;或火力不甚猛"(《武经汇解》),故"待而勿攻",静观其变也。极：尽。从：犹"攻"。敌乱才能攻,不乱不能攻,故曰"可从则从之,不可从则止"。这是应变方法之二。

④"火可发于外"三句　　以：因也,按照、根据的意思。时：有利时机,上"火可发于外"即是"时"。上文说火攻须发于内,这里说"无待于内,以时发之",就是应变。这是应变方法之三。

⑤"火发上风"二句　　"发"、"攻"下省"于"字。在上风发火,不可在下风攻敌,这就是应变。这是应变方法之四。

⑥"昼风久"二句　　《十一家注》曹操曰："昼久夜止,数当然也。"白天风刮久了,晚上风就容易停止,这是自然规律,故夜间不宜火攻。这是应变方法之五。

《老子·二十三章》："飘风不终朝。"

⑦"凡军必知五火之变"二句　　数：术也,指应变的方法。守之：待之,即进行火攻。

【韵语】

"火发上风,无攻下风。"风、风,侵部。

"昼风久,夜风止。"久、止,之部。

【译文】

凡是火攻,必须根据以下五种火攻的变化情况,采取相应的措施。从敌人的内部放火,应及早派兵从外部策应。火已烧起来如敌兵不惊乱,应静观其变而不攻;等火力烧尽,可攻就攻,不可攻就不攻。火可以从外部放,就不必等待从内部放,根据有利的时机放火即可。从上风放火,不可在下风进攻。白天风刮久了,晚上风容易停止(就不宜火攻)。军队必须知道五种火攻的变化,用灵活的方法进行火攻。

三

【原文】

　　故以火佐攻者明，以水佐攻者强。① 水可以绝，不可以夺。② 夫战胜攻取，而不修其功者，凶，命曰"费留"。③ 故曰：明主虑之，良将修之。④

【句解】

　　① "故以火佐攻者明"二句　　佐：助也。由"佐"字可知水攻、火攻有益于攻战，但不可专恃，亦如"地者兵之助"之"地"一样不可专恃，用之必有法。明：显著。焚烧片刻可使之消失，战绩显著。强：强大。灌注可以隔绝人马粮道，威势强大。这两句概说火攻、水攻的功效。

　　② "水可以绝"二句　　此两句蒙上而省、异义互补，实际内容是"水可以绝，不可以夺；火可以夺，不可以绝"，将水攻与火攻的威力作了对比分析。绝：断也。指隔绝敌之士卒、粮食、救援、奔逸，故曰"强"。夺：失也。指的是使敌方的士卒、粮食、财物被焚烧而消失，故曰"明"。水攻能取一时之胜，火攻能霎时使敌方所被焚烧者永远消失。实行火攻与战略全局关系更大，所以更应慎重。这两句"借水以赞火之功也"（《兵诀评》）。

　　　　《孙膑兵法·十阵》："火阵者，所以拔也。水阵者，所以伥固也。"

　　③ "夫战胜攻取"四句　　战胜攻取：一时战即胜、攻必取。"战胜攻取"是战国典籍常语：《战国策·秦三》"战胜攻取，利尽归于陶。"《韩非子·诡使》"今战胜攻取之士劳而不霑。"这里的"战胜攻取"指以火攻敌霎时之间使之消失。修：傚也，重视、考虑的意思。汉简本"修"作"惰"（同"随"）。功：成也，指功效、后果。者：表假设。凶：遭祸殃，如胜而复败，得而复失，要是只顾火攻不顾后果则将如此。命曰：名为，叫做。费留：其本字是"悖戾"，或"拂戾"、"缪戾"，由于声近而异写（假借）为"费留"（费，通作拂、缪、悖；留，通作藜、鳌、来、戾。所以，悖戾又通作拂戾、缪戾）。悖戾，违逆也，错乱也。费留：在此指只顾火攻而不顾后果，只顾战术行动而不顾战略目的，不顺理行事。所以"命曰费留"句，是对火攻失利原因的概括，也是对"不修其功"者的错误所作的结论。又"费留"，《十一家注》曹操曰："若水之留，不复还也。或曰：赏不以时，但费留也，赏善不逾日也。"似与本文不切，故不取。这四句说施行火攻而遭遇祸殃的原因是用兵者不顾战略全局。

《黄帝四经·经法·亡论》:"兴兵失理,所伐不当,天降二殃。"

《荀子·议兵》:"凡百事之成也必在敬之,其败也必在慢之,故敬胜怠则吉,怠胜敬则灭,计胜欲则从,欲胜计则凶。"

《尉缭子·兵谈》:"夫心狂、目盲、耳聋,以三悖率人者,难矣。"

④ "明主虑之"二句　明主:明智之君。良将:贤能之将。("明智、贤能"与"悖戾"相对举)虑之、修之:郑重地反复考虑火攻的后果。又"修",汉简本作"随",与"虑"相韵。二句承"夫战胜攻取"四句作结,以下论述火攻的原则。

【原文】

非利不动,非得不用,非危不战。① 主不可以怒而兴师,将不可以愠而致战;合于利而动,不合于利而止。② 怒可以复喜,愠可以复悦;亡国不可以复存,死者不可以复生。③ 故明主慎之,良将警之,此安国全军之道也。④

【句解】

① "非利不动"三句　利:全局的利益。得:得胜。危:危急关头。动、用、战:此均指以火攻敌。不利于全局不火攻,无得胜把握不火攻,不到危急关头不火攻,这是针对"战胜攻取,而不修其功者,凶"而提出来的具有军事与政治内涵的战略性火攻原则。

《诸葛亮集·便宜十六策·治军》:"兵者凶器,不得已而用之。"

《百战奇略·好战》:"夫兵凶器也,战危事也,不得已而用之禁暴救乱,不可恃国之富庶、民之强盛而穷兵黩武。盖兵犹火,勿戢将自焚。"

② "主不可怒而兴师"四句　兴师:兴火攻之师。"师",汉简本作"军",《通典》卷一五六与《御览》卷二七二、三一一所引并同。"军"与"师"义同,而亦与下之"战"协韵。致:与也;"致战",以火攻之师与敌战。愠:含怒,怨恨。"怒而兴师"、"愠而致战",即是"不修其功"、"悖戾"之举。"合于利而动,不合于利而止"二句蒙上而省,意思是有利于全局则火攻,不利于全局不火攻;有得胜的把握则火攻,无得胜把握不火攻;危急关头则火攻,非危急关头不火攻。这四句切诫主与将不可违弃火攻原则。

《荀子·哀公》:"故明主任计不信怒,暗主信怒不任计。计胜怒则强,怒胜计则亡。"

《尉缭子·兵谈》:"兵起非可以忿也,见胜则兴,不见则止。"

③ "怒可以复喜"四句　　复：再。怒、愠承上主怒、将愠说。《战国策·中山策》："破国不可复完,死卒不可复生。"与此意同。国亡、师丧,是怒而兴师、愠而致战的结果;一时之怒、一时之愠可以复平,国亡、师丧却不可挽回。这四句从背面用反比手法说违弃火攻原则必将带来无法弥补的损失。

> 《黄帝四经·经法·亡论》："大杀服民,谬降人,刑无罪,过皆反自及也。"

④ "故明主慎之"三句　　慎：慎重。警：警惕。"慎之"、"警之",谓明主良将以慎重而警惕的心态实施火攻。安国全军：使国家安定,保全军队的实力。这两句承上说遵循火攻原则是安国全军的关键,并为全篇作结。

【韵语】

"故以火佐攻者明,以水佐攻者强。"句中互韵：明、强,阳部;火、水,微部。

"水可以绝,不可以夺。"绝、夺,月部。

"故曰：明主虑之,良将修(随)之。"句首互韵：虑、随,鱼歌合韵;明、良,阳部。汉简作"随"者或有所本。

"主不可以怒而兴师,将不可愠而致战。"二句协韵：师(脂、微不分)、战,微元合韵。汉简本"师"作"军";军、战,文元合韵,二句亦为韵语。

"故明主慎之,良将警之,此安国全军之道也。"句首互韵：慎、警,真耕合韵;明、良,阳部。

【译文】

用火辅助军队进攻效果明显,用水辅助军队进攻威力强大。水的冲击,可以截断敌人的粮道和救援而使之陷于瘫痪,但不能使敌方失去士卒、粮食、城邑和财物;火的焚烧,不能截断敌人的粮道和救援,但可以使敌方霎时失去士卒、粮食、城邑和财物。以火攻敌,一战即胜,一攻必取。如果不权衡全局的利害,不考虑火攻的后果,反而自遭祸殃,这叫做"悖戾"。所以说,明智之君和贤能之将都要慎重考虑这个问题。不利于全局不火攻,无得胜的把握不火攻,不到危急关头不火攻。君主不可因怒而部署火攻之策,将领不可因恨而施行火攻之战——有利于全局则火攻,不利于全局不火攻;有得胜的把握则火攻,无得胜的把握不火攻;危急关头则火攻,非危急关头不火攻。愤怒可以重新高兴,怨恨可以重新喜欢;灭亡的国家不能复存,死去的将士不能复生。明智之君、贤能之将,以慎重而警惕的心态实施火攻,这是安国全军的关键。

用间第十三

"用间",使用间谍了解敌情。孙子认为,善胜者应当"先知",即预先了解敌人虚实强弱、战争计划、实力部署及各种机密,有针对性地制定方略,以赢得战争的主动权。"先知"是"先胜"的基础,而获取"先知"的手段是"用间"。孙子认为"间"可分为五类:乡间、内间、反间、死间与生间。五间相配合,组成一个间谍网络,反间是其中搜集情报活动的总枢纽。谍报活动由于有组织有计划且又机密而易于成功。明君贤将用间的方向正确、措施得当,能驱使智慧超群的人做间谍,就一定建立奇功。全篇的结论是:用间是用兵最重要的事,全军依靠用间而后能行动。孙子揭示的谍报基本原理,始终为世人所推崇,在当今世界仍被人们所遵循。

"《用间》篇为十三篇的总结,孙子在此篇中最强调的观念即为'先知'。为何要先知?先知的目的就是为远虑提供思考的基础。""必须能预知始能防备奇袭,并掌握演变的契机。最值得重视的是未来而不是现在。准备比执行更重要。在今天的世界上,立国之本即为先知与远见,所以国家必须建立高效率的情报和研究组织。"(钮先钟《孙子三论》,223页、210页)

一

【原文】

孙子曰:凡兴师十万,出征千里,百姓之费,公家之奉,日费千金;内外骚动,怠于道路,不得操事者,七十万家。①相守数年,以争一日之胜,而爱爵禄百金,不知敌之情者,不仁之至也,非人之将也,非主之佐也,非胜之主也。②故明君贤将,所以动而胜人,成功出于众者,先知也。③先知者,不可取于鬼神,不可象于事,不可验于度,必取于人——知敌之情者也。④

【句解】

①"凡兴师十万"九句　费:耗费。"百姓之费",指百姓在兵役赋税方面

的耗费。奉：供给。"公家之奉"，指国家的军费开支。内外：国内军中。骚动：扰攘不安。怠：疲。"怠于道路"，谓军队疲于行军，民伕疲于运输。操事：操作农事。七十万家："古者八家为邻，一家从军，七家奉之，言十万之师举，不事耕稼者七十万家。"（《十一家注》曹操曰）此以巨大的耗费说明战争对国家安全构成严重的威胁。这九句话的用意在于说明用兵必须用间，为下文造势。

《孙膑兵法·篡卒》："不用间，不胜。"

《管子·七法》："为兵之数……存乎遍知天下，而遍知天下无敌。"

吕坤《呻吟语·治道》："兵，阴物也。用兵，阴道也。故贵谋，不好谋不成。我之动定敌人不闻，敌之动定尽在我心，此万全之计也。"

②"相守数年"八句　　相守：相持。争一日之胜：决胜于一日。爱：吝惜。爵禄：指支付间谍的俸禄。百金：约数，形容钱多。与"日费千金"之"千金"相比是一笔小费。当相持数年而决胜于一旦之际，却爱惜小费而不肯重用间谍去掌握敌情，这是贪小失大，这样的将领不念公私之困、百姓之苦，缺乏仁爱之心到极点，不配当士卒的统帅，不配当君主的辅弼，不配当胜利的主宰者，故斥之曰"不仁之至也"、"非人之将也"、"非主之佐也"、"非胜之主也"。"爱爵禄百金，不知敌之情者"，与"战胜攻取而不修其功者"一样荒谬悖理，都是"心狂、目盲、耳聋"之过。

③"故明君贤将"四句　　动：出师。"动而胜人"，一出兵就克敌制胜。出：特，超出。众：常人。先知：事先了解敌情。事先了解敌情，能不失时机地制定克敌制胜的策略，就可以挫败敌人的谋略不战而胜，就可以抢先占据敌我必争之地，就可以顺势攻守而胜于易胜，就可以独往独来掌握住战场的主动权，所以能"动而胜人，成功出于众"。这四句说事先了解敌情是胜敌之本、先发制人的关键。

《管子·兵法》："兵无主，则不早知敌。""早知敌，则独行。"

《兵经百字·智部》："踞兵之先，唯机与势。能识测而后争乃善。"

④"先知者"五句　　取：获也。鬼神：指通过祷祀得鬼神之情。象：类比。事：战事。"象于事"，与以往的战事类比。验：证也。度：指躔度，日月星辰运行的位置，古人认为日月星辰运行于不同的位置，即构成不同的孤虚向背之象。必取于人：不曰"间"而曰"人"，强调先知敌情不能依赖于"鬼神"、"象于事"、"验于度"，而必依赖于"人"。"知敌之情者也"是文中自注，补说"人"字，是知敌情之人。这五句说用间的理由——需要知敌情的人充当间谍，提供第一手材料，这样的情报来源才真实可靠，以引起下文"五间"之端。

《黄帝内经·素问·五脏别论篇》："凡治病必察其下，适其脉，观其志意，与其病也。拘于鬼神者，不可与言至德。"

朱逢甲《间书》按："用兵贵知己知彼。而欲知彼，则必用间乃能知。"

【译文】

孙子说：凡举兵十万，出征千里，百姓的耗费，军费的开支，每日损耗千金之资；国内军中扰攘不安，士卒、民伕疲于赶路，不得耕作的多达七十万家。与敌人相持数年，是要争一时之胜，却又吝啬爵禄金钱，不肯使用间谍，以至于不能掌握敌情，这种人不仁到了极点，不配当士卒的统帅、君主的辅弼、胜利的主宰者。明君与贤将，所以一出兵就克敌制胜，战果超出常人之上，是由于事先了解敌情。要事先了解敌情，不能从鬼神那里获取，不能从以往的战事之中类比得到，不能从日月星辰运行的位置上验证出来，一定要取之于人——能知敌情的人。

二

【原文】

故用间有五：有因间，有内间，有反间，有死间，有生间。①——五间俱起，莫知其道，是谓神纪，人君之宝也。②因间者，因其乡人而用之。③内间者，因其官人而用之。④反间者，因其敌间而用之。⑤死间者，为诳事于外，令吾间知之，而传于敌间也。⑥生间者，反报也。⑦

【句解】

① "故用间有五" 六句　　因间：当为"乡间"之误。《十一家注》张预曰："因间当为乡间，故下文云'乡间可得而使也'。"这六句说，间谍有五类：乡间、内间、反间、死间、生间。

② "五间俱起" 四句　　五间俱起：五类间谍配合起来进行活动，即是将五间组成一个间谍网络，让他们在统一管理之下分头进行谍报活动。莫知其道：由于间谍网络内部有严密的统一协调，五间的活动更加隐蔽更易于成功，因而"莫知其道"，无人能知道我间谍的活动规律。神纪：神妙的纲纪，意为"五间俱起"是神妙莫测之法。人君之宝：国君制胜的法宝。"五间俱起"之法是五间活动的必要前提；忽视这一方法，五间将是一盘散沙，必陷于倾败之地。这四句在刚提起五间名目之时，随即以"插语"的形式说"五间俱起"，正是要读者先记住它的重要性。"五间俱起"是间谍网络的活动之法，所以后半篇文章的许多文字都与它遥相回应。

③ "因间者" 二句　　因间：亦"乡间"之误，见上注。因其乡人：利用战地的

乡民搜集情报。自此以下分别解释"五间"的名目。

④"内间者"二句　　官人：指敌国官吏。《汇解》引《直解》曰："有贤而失职者，有过而被刑者，有宠嬖而贪财货色者，有屈在下位而不得任使者，有欲因丧败以求展己之才能者，有翻覆变诈常持两端者，此皆可以潜通问遗、厚贶金帛而结之，因求其国中之情，察其谋我之事，复间其君臣，使不和同也。"这两句说，所谓内间，是利用敌国的官吏做间谍。

⑤"反间者"二句　　所谓反间，是利用敌方间谍作我方间谍。

⑥"死间者"四句　　为诳事：做假象、假情报。卖假情报给对方的间谍，事泄必死于敌，故称为"死间"。

　　李贽《孙子参同》："佯为虚诈之事，令吾间知之，而传泄于敌，事乖必死也。"

⑦"生间者"二句　　生间："身则公行，心乃私觇，往反报复，常无所害，故曰生间。"（《十一家注》贾林曰）反：同"返"。报：报告敌情。

【韵语】

"故用间有五：有因间，有内间，有反间，有死间，有生间。"叠字韵：五"间"韵，元部。

"五间俱起，莫知其道，是谓神纪，人君之宝也。"二句间韵：道、宝，幽部。

【译文】

使用间谍有五类：有乡间，有内间，有反间，有死间，有生间。——五类间谍配合起来进行活动，无人能知道我间谍的活动规律。这是神妙莫测之法，也是君主制胜的法宝。所谓乡间，是利用战地的乡民搜集情报。所谓内间，是利用敌国的官吏做间谍。所谓反间，是利用敌方间谍做我的间谍。所谓死间，是指有意散布假情报，让我方间谍知道，然后传给敌方间谍；如事情败露，我间难免一死。所谓生间，是能活着回来报告敌情的间谍。

三

【原文】

故三军之事，莫亲于间，赏莫厚于间，事莫密于间。①非圣智不能用间，非仁义不能使间，非微妙不能得间之实。②微哉微哉，无所不用间也！间事未发而先闻者，间与所告者皆死。③

【句解】

① "故三军之事"四句　　事：涉下"事莫密于间"之"事"字而误，当据汉简本、《通典》卷一五一、《御览》卷二九二所引改正为"亲"。亲：亲信。"三军之亲，莫亲于间"，意谓军中所亲信的，没有什么亲信得过间谍。"赏莫厚于间，事莫密于间"二句，是"三军之赏，莫厚于间，三军之事，莫密于间"四句的压缩。一经压缩，语意未变而文句简约。《直解》说，不亲则不得其心也，不厚则不得其命也，不密则不得其成也。这四句强调用间有极大风险，而又极其重要，君与将应将间谍网络的工作置于全军一切军务之上。自此以下说如何管理好间谍网络的工作。

　　《三略・上略》："《军谶》曰：'香饵之下，必有死鱼；重赏之下，必有勇夫。'故礼者士之所归，赏者士之所死。招其所归，示其所死，则所求者至。"

② "非圣智不能用间"三句　　圣智：大智大慧之人。用：选用。仁义：大仁大义之人。使：役使。微妙：精细机敏之人。得：辨识；实：指真假、虚实。这三句强调用间之事有其特殊性，主管间谍网络的人必须有高度的智慧与精妙的谋略，方可称职。

　　赵本学《孙子校解引类》曰："盖凡间术，其张情布形，驾词构事，皆用心极于深巧，出人意料之所不及，故谓'圣智'者能之。所遣为间之人，必主将素结其心，得其死命，乃可委托，故谓'仁义'者能之。所得间谍之息，不惟敌人有真伪之形，而间者亦有真伪之辞，必精思缔审，参伍酌量，然后不为之误，故谓'微妙'者能之。是则行间贵乎有术，使间贵乎有道，而听间亦贵乎有裁断也。"

③ "微哉微哉"四句　　微：字本同"密"，汉简本、《十一家注》张预注正作"密"。"密哉密哉"，承上"事莫密于间"句而告诫间谍网络的主管者，用间当保密而又保密。无所不用间：用兵之事无处不依赖用间。为保障用兵之事得以成功，故用间必须保密而又保密。间事：行间之事。发：行；闻：被闻，指事情泄露。间：指泄密之间谍。所告者：被告知军事秘密的人。皆死："一恶其泄，一灭其口。"(《十一家注》张预曰)赵本学《孙子校解引类》曰："言兵事多藉用间而成功，不可不密其机。苟军中有以间事相告语者，彼此皆斩之；斩间者之泄言，斩闻者以灭其口也。此承上文而勉为将者，当戒严如此。"这四句说谍报的保密性关乎战事的成败，间谍网络要维护严格的纪律。

　　朱逢甲《间书》按："至于行间贵密，则大易(《易・系辞上》)言之矣：'机事不密则害成。'兵机皆贵密，不独用间为然也。而用间尤宜密。"

《太白阴经·行人》："夫三军之重者,莫重于行人,三军之密者,莫密于行人。行人之谋未发,有漏者与告者皆死。谋发之日,削其稿、焚其草,金其口、木其舌,无使内谋之泄。若鹰隼之入重林无其踪,若游鱼之赴深潭无其迹,离娄俛首不见其形,师旷倾耳不聆其声,微乎微乎,与纤尘俱飞。岂饱食醉酒、争力轻合之将而得见行人之事哉!"

【韵语】

"故三军之亲,莫亲于间,赏莫厚于间,事莫密于间。"三句韵之(○○○)式:间、间、间,元部。

【译文】

军中所亲信的,没有什么亲信得过间谍;军中所赏赐的,没有什么优厚得过间谍;军中所做之事,没有什么机密得过用间。不是大智大慧之人不能选用间谍,不是大仁大义之人不能役使间谍,不是精细机敏之人不能辨识谍报的真伪。保密啊保密啊,用兵之事无处不依赖用间啊!行间之事未施行而先已泄露,泄密之间谍与闻泄者都要处死。

四

【原文】

凡军之所欲击,城之所欲攻,人之所欲杀,必先知其守将、左右、谒者、门者、舍人之姓名,令吾间必索知之。① 必索敌间之来间我者,因而利之,导而舍之,故反间可得而用也。② 因是而知之,故乡间、内间可得而使也。③ 因是而知之,故死间为诳事,主必曰敌。④ 因是而知之,故生间可使如期。⑤ 五间之事,主必知之,知之必在于反间,故反间不可不厚也。⑥

【句解】

① "凡军之所欲击"五句　守将:防守之将。左右:指守将的亲信。谒者:接待宾客的小吏。门者:守门的小吏。舍人:门客、幕僚之类。索知:侦察清楚。这五句说凡与作战有关的人,调查得越详尽越好。这五句话的用意在于说明用兵之事需五间合力,以引起下文五间如何"俱起"之端。

《太白阴经·行人》："吾使行人观敌国之君臣、左右、执事,孰贤孰愚;中外近人,孰贪孰廉;舍人、谒者,孰君子孰小人,吾得其情因而随之,可就吾事。"

②"必索敌间之来间我者"四句　　索:侦察。因:亲近。利:利诱。导:诱使变节。舍:释放。先侦察出敌方派来的间谍,加以收买、引诱,然后释放回去当反间,配合我乡间、内间、死间、生间进行活动。这四句说,必先物色与培养出五间之本——反间。自此以下说如何构建间谍网络,与上"五间俱起"相呼应。

③"因是而知之,故乡间"二句　　因:利用,凭借。是:指反间。知之:知敌情。有反间作内应,了解敌情,乡间、内间才能按我的意图行事。

④"因是而知之,故死间"三句　　主必曰敌:当从十一家注本改正为"可使告敌"。由于反间作内应,死间所卖的情报具有针对性,故"可使告敌",可使示之于敌,即是说才有使敌人上当的可能。

⑤"因是而知之,故生间"二句　　如期:按预定时间往返,是说由于反间作内应,生间才能顺利返回复命。

⑥"五间之事"四句　　五间之事:五间的活动。乡间、内间、死间、生间的活动都依赖反间作眼线,四间活动的关键在于反间,所以说"知之必在于反间"、"反间不可不厚"。这四句借君主"知"间、"赏"间之事,承上文总结"五间俱起"的活动规律——五间相配合组成一个严密的间谍网络,反间是搜集情报活动的总枢纽。

【译文】

凡是要攻打的敌军,要攻占的城邑,要击杀的敌方人员,必先了解与之有关的守将、左右、谒者、门者、舍人的姓名,命令我方间谍一定侦察清楚。必须侦察出前来窥探我方的敌探,从而收买他,诱使变节之后释放回去,这样就有反间为我所用。从反间那里得知敌情,这样就能更好地使用乡间、内间。从反间那里得知敌情,这样死间才有可能把有针对性的假情报传过去,使敌人上当受骗。从反间那里得知敌情,这样生间就能如期往返。五类间谍的活动,君主必须十分清楚,而掌握五类间谍活动的关键在于反间,所以反间的待遇不可不优厚。

五

【原文】

昔殷之兴也,伊挚在夏;①周之兴也,吕牙在殷。②故明君贤将能以上智为间者,必成大功。③此兵之要,三军所恃而动也。④

【句解】

　　①"昔殷之兴也"二句　　殷:指商朝。夏桀在位之时,暴虐无道,商汤以伊挚为辅佐,伐灭夏桀,为商朝立国之君。灭夏之后建都于亳,史称商朝。后来商王盘庚迁都于殷,因而商亦称殷,也称殷商。伊挚:或称伊尹、挚,他原臣事夏桀,后归附以仁义著称的商汤,并被尊为阿衡、保衡,因而商汤尽知夏桀的政情,终于伐灭夏桀而成大功。在夏:在夏为臣。昔日夏桀之"臣",今日商汤之"间",所以"在夏为臣"犹"在夏为间"。

　　②"周之兴也"二句　　周:周朝。殷纣在位之时,暴虐无道,周武王姬发以吕牙为辅佐,伐灭殷纣,为周朝立国之君。吕牙:即吕望,字子牙,又称太公望。"或曰太公博学,尝事纣,纣无道去之。"(《史记·周本纪》)后归附以仁义著称的姬发,并被尊为师,因而姬发尽知殷纣的政情,终于伐灭殷纣而成大功。在殷:在殷为臣。又"在殷"之"殷",《讲义》、《直解》与《武备志》均作"商"。作"商"者,协韵,可从。

　　　　《太白阴经·行人》:"昔商之兴也,伊尹为夏之庖人;周之兴也,吕望为殷之渔父;秦之帝也,李斯为山东之猎夫;汉之王也,韩信为楚之亡卒;魏之伯也,荀彧为袁绍之弃臣;晋之禅也,贾充任魏;魏之起也,崔浩家晋。故七君用之而帝天下。"

　　　　《间书》:"用间始于夏之少康,使女艾间浇"。"殷之伊尹,尝身为间。疑之者,迂儒也。"

　　③"故明君贤将"二句　　上智:大智之人。这样的明君贤将主管间谍网络,方向正确,措施得当,所以"必成大功"。前四句强调上智为间的作用,此二句强调明君贤将的统御作用。

　　④"此兵之要"二句　　此:即用间。要:要务,关键。"此兵之要",用间是用兵的要务、胜败的关键。三军所恃而动:全军依靠用间,而后能行动。这两句承上文,并为全篇作结。

　　　　《管子·幼官》:"必明其情,必明其将,必明其政,必明其士。四者备,则以治击乱,以成击败。"

　　　　《诸葛亮集·将苑·腹心》:"夫为将者,必有腹心、耳目、爪牙。无腹心者,如人夜行,无所措手足;无耳目者,如冥然而居,不知运动;无爪牙者,如饥人食毒物,无不死矣。"

【韵语】

"昔殷之兴也,伊挚在夏;周之兴也,吕牙在殷(商)。"二句互协：夏、商,鱼阳通韵;兴、兴,蒸部。"殷"文部,与"夏"不协,《讲义》等似有所本。

【译文】

从前商汤的兴起,是由于伊挚在夏为臣;周武的兴起,是由于吕牙在商为臣。所以明君贤将能役使智慧超群的人做间谍,就一定建立奇功。用间是用兵最重要的事,全军依靠用间,而后能行动。

附："三句韵"韵式的来源及其韵例

　　战国时代齐地的散文,如《孙子》、《荀子》、《管子》、《六韬》等存在着不同程度的赋化的倾向,章句之中都常常夹用韵语。如《荀子·劝学》:"物类之起,必有所始。荣辱之来,必象其德。肉腐出虫,鱼枯生蠹。怠慢忘身,祸灾乃作。强自取柱,柔自取束。邪秽在身,怨之所构。"始、德,之职通韵;蠹、作,铎部;束、构,屋侯通韵。"故不积跬步,无以至千里;不积小流,无以成江海。骐骥一跃,不能十步;驽马十驾,功在不舍。"里、海,之部;步、舍,鱼部。"君子知夫不全不粹之不足以为美也,故诵数以贯之,思索以通之,为其人以处之,除其害者以持养之。使目非是无欲见也,使耳非是无欲闻也,使口非是无欲言也,使心非是无欲虑也。"通、养,东阳合韵;见、闻,元文合韵;言、虑,元鱼合韵。

　　其韵式除与《诗经》韵式相同者之外,还有一种齐地散文特有的韵式——"三句韵"式。齐地散文中的一部分韵语,就是运用这种"三句韵"的韵式表现出来的;要是忽视这种韵式的存在,它所承载的韵语我们也将忽视。在这里研究讨论这种韵式,目的只在于说明《孙子》"三句韵"韵式与战国时代齐地散文如《荀子》等的"三句韵"韵式同出一源,而非臆测,从而能够较全面认识《孙子》散文用韵的原貌。

　　"三句韵"韵式源于齐地的歌谣、民谚、格言。

　　1.《尚书·皋陶谟》:"帝庸作歌","乃歌曰:股肱喜哉!元首起哉!百工熙哉!"(之部)皋陶"乃赓载歌曰:元首明哉!股肱良哉!庶事康哉!"(阳部)"又歌曰:元首丛脞哉!股肱惰哉!万事堕哉!"(歌部)

　　2.《文心雕龙·祝盟》引曰"舜之祠田云:荷此长耜,耕彼南亩,四海俱有。"(之部)

　　3.《荀子·哀公》:"颜渊对(鲁定公)曰:臣闻之,鸟穷则啄,兽穷则攫,人穷则诈。自古及今,未有穷其下而能无危者也。"(屋铎合韵)

　　4.《史记·孔子世家》:"孔子病,子贡请见……孔子因叹,歌曰:太山坏乎!梁柱摧乎!哲人萎乎!"(微部)

　　5.《荀子·成相》:"曷谓贤?明君臣,上能尊主下爱民。主诚听之,天下为一海内宾。"贤、臣、民,真部;宾,真部。"臣谨修,君制变,公察善思论不乱。以治天下,后世法之成律贯。"修,幽部,不韵;变、乱,元部;贯,元部。"世之祸,恶贤士,子胥见杀百里徙。穆公任之,强配五伯六卿施。"士,之部,不韵;祸、徙,歌部;施,歌部。这就是"三句韵"韵式的源头。"三句韵"使用于散文,不是偶然的。它依靠自身的艺术生命力,不仅能在齐地散文里扎下根,而且随着散文的发展规律而创造出新的形式,使散文具有明畅的节奏,从而为散文的赋化提供了一种具有齐地色彩的押韵形式。《孙子》等齐地散文中"三句韵"韵式有三种形式:一、(○○○)式;二、(×○○)式;三、(○×○)式。今各举二十韵例于后。

一、(○○○)式

1.《荀子·荣辱》:"斗者,忘其身者也,忘其亲者也,忘其君者也。"身、亲、君,真文合韵。

2.《荀子·非相》:"故曰:以近知远,以一知万,以微知明。此之谓也。"远、万、明,元阳合韵。

3.《荀子·王制》:"知此三具者,欲王而王,欲霸而霸,欲强而强矣。"王、霸、强,阳铎通韵。

4.《荀子·富国》:"今之世而不然:厚刀布之敛以夺之财,重田野之税以夺之食,苛关市之征以难其事。"财、食、事,之职通韵。

5.《荀子·致士》:"川渊枯则龙鱼去之,山林险则鸟兽去之,国家失政则士民去之。"去、去、去,鱼部。

6.《荀子·天论》:"天有其时,地有其财,人有其治,夫是之谓能参。"时、财、治,之部。

7.《荀子·礼论》:"刻死而附生谓之墨,刻生而附死谓之惑,杀生而送死谓之贼。"墨、惑、贼,职部。

8.《荀子·大略》:"故人无礼不生,事无礼不成,国家无礼不宁。"生、成、宁,耕部。

9.《荀子·大略》:"多知而无亲,博学而无方,好多而无定者,君子不与。"亲、方、定,真阳耕合韵。

10.《荀子·宥坐》:"孔子曰:吾有耻也,吾有鄙也,吾有殆也。"耻、鄙、殆,之部。

11.《荀子·法行》:"曾子曰:无内人之疏而外人之亲,无身不善而怨人,无刑已至而呼天。"亲、人、天,真部。

12.《管子·法法》:"倨傲易令,错仪画制,作议者尽诛。故强者折,锐者挫,坚者破。"折、挫、破,月歌通韵。

13.《管子·戒》:"无翼而飞者,声也;无根而固者,情也;无立(位)而贵者,生也。"声、情、生,耕部。

14.《管子·侈靡》:"鱼鳖之不食饵者,不出其渊;树木之胜霜雪者,不听于天;士能自治者,不从圣人。"渊、天、人,真部。

15.《管子·内业》:"扰扰乎如在于侧,忽忽乎如将不得,渺渺乎如穷无极。此稽不远,日用其德。"侧、得、极,职部。

16.《晏子春秋集释·内篇问上第三》:"为君,厚藉敛而托之为民,进谗谀而托之用贤,远公正而托之不顺,君行此三者则危。"民、贤、顺,真文合韵。

17.《晏子春秋集释·外篇第八》:"晏子对曰:臣愿有君而可辅,有妻而可去,有子而可怒。"辅、去、怒,鱼部。

18.《六韬·明传》:"太公曰:见善而怠,时至而疑,知非而处,此三者道之所止也。"怠、疑、处,之鱼合韵。

19.《六韬·守土》:"涓涓不塞,将为江河;荧荧不救,炎炎奈何;两叶不去,将用斧柯。"河、何、柯,歌部。

20.《六韬·发启》:"鸷鸟将击,卑飞敛翼;猛兽将搏,弭耳俯伏;圣人将动,必有愚色。"翼、伏、色,职部。

二、(×○○)式

1.《荀子·非相》:"故君子之于言也,志好之,行安之,乐言之。"好,幽部,不韵;安、言,元部。

2.《荀子·王制》:"王夺之人,霸夺之与,强夺之地。"人,真部,不韵;与、地,鱼歌合韵。

3.《荀子·王制》:"群道当,则万物皆得其宜,六畜皆得其长,群生皆得其命。"宜,歌部,不韵;长、命,阳耕合韵。

4.《荀子·富国》:"人皆乱,我独治;人皆危,我独安;人皆失丧之,我按起而制之。"治,之部,不韵;安、制,元月通韵。

5.《荀子·王霸》:"用国者,得百姓之力者富,得百姓之死者强,得百姓之誉者荣。"富,职部,不韵;强、荣,阳耕合韵。

6.《荀子·天论》:"政令不明,举错不时,本事不理,夫是之谓人祅。"明,阳部,不韵;时、理,之部。

7.《荀子·礼论》:"故曰:天地合而万物生,阴阳接而变化起,性伪合而天下治。"生,耕部,不韵;起、治,之部。

8.《荀子·大略》:"下臣事君以货,中臣事君以身,上臣事君以人。"货,歌部,不韵;身、人,真部。

9.《荀子·大略》:"善为《诗》者不说,善为《易》者不占,善为《礼》者不相,其心同也。"说,月部,不韵;占、相,谈阳合韵。

10.《管子·枢言》:"量之不以少多,称之不以轻重,度之不以短长,不审此三者,不可举大事。"多,歌部,不韵;重、长,东阳合韵。

11.《管子·霸言》:"故善攻者,料众以攻众,料食以攻食,料备以攻备。"众,冬部,不韵;食、备,职部。

12.《管子·白心》:"日极则仄,月满则亏。极之徒仄,满之徒亏,巨之徒灭。"仄,职部,不韵;亏、灭,歌月通韵。

13.《管子·内业》:"凡道,必周必密,必宽必舒,必坚必固。"密,质部,不韵;舒、固,鱼部。

14.《管子·禁藏》:"不治而昌,不乱而亡者,自古至今未尝有也。故国多私勇者其兵弱,吏多私智者其法乱,民多私利者其国贫。"弱,药部,不韵;乱、贫,元文合韵。

15.《管子·形势解》:"天,覆万物而制之;地,载万物而养之;四时,生长万物而收藏之。"制,月部,不韵;养、藏,阳部。

16.《晏子春秋集释·内篇谏下第二》:"行伤则溺己,爱失则伤生,哀失则害性。是故圣王节之也。"己,之部,不韵;生、性,耕部。

17.《晏子春秋集释·外篇第七》:"臣闻之,微事不通,粗事不能者,必劳;大事不得,小事不为者,必贫;大者不能致人,小者不能至人之门者,必困。"劳,宵部,不韵;贫、困,文部。

18.《六韬·文启》:"天下之人如流水,障之则止,启之则行,静之则清。"止,之部,不韵;行、清,阳耕合韵。

19.《六韬·军势》:"太公曰:势因于敌家之动,变生于两阵之间,奇正发于无穷之源。"动,东部,不韵;间、源,元部。

20.《六韬·军势》:"故善战者,不待张军;善除患者,理于未生;善胜敌者,胜于未形。上战无与战。"军,文部,不韵;生、形,耕部。

三、(○×○)式

1.《荀子·劝学》:"故未可与言而言谓之傲,可与言而不言谓之隐,不观气色而言谓之瞽。"隐,文部,不韵;傲、瞽,宵鱼合韵。

2.《荀子·王霸》:"主道治近不治远,治明不治幽,治一不治二。"幽,幽部,不韵;远、二(脂微不分),元微合韵。

3.《荀子·议兵》:"孙卿子曰:知莫大乎弃疑,行莫大乎无过,事莫大乎无悔。"过,歌部,不韵;疑、悔,之部。

4.《荀子·礼论》:"上取象于天,下取象于地,中取则于人,人所以群居和一之理尽矣。"地,歌部,不韵;天、人,真部。

5.《荀子·正名》:"以仁心说,以学心听,以公心辨。"听,耕部,不韵;说、辨,月元通韵。

6.《荀子·性恶》:"今人之性,饥而欲饱,寒而欲暖,劳而欲休,此人之情性也。"暖,元部,不韵;饱、休,幽部。

7.《荀子·性恶》:"妻子具而孝衰于亲,嗜欲得而信衰于友,爵禄盈而忠衰于君。"友,之部,不韵;亲、君,真文合韵。

8.《荀子·大略》:"为人臣下者,有谏而无讪,有亡而无疾,有怨而无怒。"疾,质部,不韵;讪、怒,元鱼合韵。

9.《荀子·大略》:"武王始入殷,表商容之闾,释箕子之囚,哭比干之墓,天下乡善矣!"囚,幽部,不韵;闾、墓,鱼部。

10.《荀子·大略》:"虞舜、孝己孝而亲不爱,比干、子胥忠而君不用,仲尼、颜渊知而穷于世。"用,东部,不韵;爱、世,物月合韵。

11.《管子·权修》:"欲为天下者,必重用其国;欲为其国者,必重用其民;欲为其民者,必重尽其民力。"民,真部,不韵;国、力,职部合韵。

12.《管子·权修》:"商贾在朝,则货财上流;妇人言事,则赏罚不信;男女无别,则民无廉耻。"信,真部,不韵;流、耻,幽之合韵。

13.《管子·乘马》:"春秋冬夏,阴阳之推移也;时之短长,阴阳之利用也;日夜之易,阴阳之化也。"用,东部,不韵;移、化,歌部。

14.《管子·宙合》:"可浅可深,可浮可沉,可曲可直,可言可默;天不一时,地不一利,人不一事。"利,脂部,不韵;时、事,之部。

15.《管子·枢言》:"疾之,疾之,万物之师也。为之,为之,万物之时也。强之,强之,万物之指也。"时,之部,不韵;师、指,脂部。

16.《管子·戒》:"管子复于桓公曰:任之重者莫如身,涂之畏者莫如口,期而远者莫如年。以重任行畏涂,至远期,唯君子乃能矣。"口,侯部,不韵;身、年,真部。

17.《管子·君臣上》:"故曰:主道得,贤才遂,百姓治。治乱在主而已矣。"遂,物部,不韵;得、治,职之通韵。

18.《管子·明法》:"是故有法度之制者,不可巧以诈伪;有权衡之称者,不可欺以轻重;有寻丈之数者,不可差以长短。"重,东部,不韵;伪、短,歌元通韵。

19.《管子·治国》:"粟多则天下之物尽至矣。故舜一徙成邑,二徙成都,参徙成国。"都,鱼部,不韵;邑、国,缉职合韵。

20.《六韬·上贤》:"故可怒而不怒,奸臣乃作;可杀而不杀,大贼乃发;兵势不行,敌国乃强。"发,月部,不韵;作、强,铎阳通韵。

《孙子》所采用的"三句韵"韵式与《荀子》等的"三句韵"韵式同源共流,它所承载的韵语信而有证。要是忽略了这一部分韵语,就看不见《孙子》韵语的全貌。

采用"三句韵"韵式押韵,是《孙子》在成书过程中经过战国齐人润饰和加工的一个标记。

参考文献

［1］《周易正义》(三国)王弼注. 上海：中华书局. 1980

［2］《尚书正义》(汉)孔安国传，(唐)孔颖达正义. 上海：上海古籍出版社. 2007

［3］《周礼注疏》(东汉)郑玄注. 上海：中华书局. 1980

［4］《礼记正义》(东汉)郑玄注. 上海：中华书局. 1980

［5］《毛诗正义》(西汉)毛亨传. 上海：中华书局. 1980

［6］《春秋左传正义》(春秋)左丘明传. 上海：中华书局. 1980

［7］《逸周书》(西晋)孔晁注. 北京：中华书局. 1985

［8］《国语》(春秋)左丘明. 上海：商务印书馆. 1935

［9］《战国策》(西汉)刘向. 上海：上海古籍出版社. 1985

［10］《史记》(西汉)司马迁撰. 北京：中华书局. 2011

［11］《汉书》(东汉)班固撰. 北京：中华书局. 1982

［12］《论语注疏》(三国魏)何晏注. 上海：中华书局. 1980

［13］《老子正诂》高亨著. 北京：古籍出版社. 1956

［14］《孟子注疏》(汉)赵岐注. 上海：中华书局. 1980

［15］《庄子集释》(清)郭庆藩辑. 北京：中华书局. 1961

［16］《管子》(春秋)管仲撰. 上海：上海古籍出版社. 1990

［17］《墨子间诂》(清)孙诒让著. 孙以楷点校. 北京：中华书局. 1986

［18］《晏子春秋集释》吴则虞编著. 北京：中华书局. 1962

［19］《商君书锥指》蒋礼鸿撰. 北京：中华书局. 1986

［20］《荀子集解》(清)王先谦撰，沈啸寰、王星贤点校. 北京：中华书局. 1988

［21］《韩非子集释》(先秦)韩非著. 上海：上海人民出版社. 1974

［22］《黄帝四经今注今译》陈鼓应注译. 湖南：岳麓书社出版社. 1993

［23］《文子疏义》王利器撰. 北京：中华书局. 2000

［24］《尹文子》(战国)尹文撰. 浙江：浙江人民出版社. 1985

［25］《鹖冠子》(北宋)陆佃注. 北京：中华书局. 1985

［26］《黄帝内经素问》(唐)王冰著. 北京：人民卫生出版社. 1963

[27]《吕氏春秋》(战国)吕不韦著,高诱注.上海:上海古籍出版社.1989

[28]《淮南鸿烈集解》刘文典撰.北京:中华书局.1989

[29]《诸葛亮集》(三国蜀)诸葛亮著.北京:中华书局.2012

[30]《孙膑兵法》银雀山汉墓竹简整理小组编.北京:文物出版社.1975

[31]《吴子》(战国)吴起撰.湖南:岳麓书社出版社.1992

[32]《司马法》刘仲平译.台湾:台湾商务.1977

[33]《六韬三略》(西汉)黄石公著,陈伶编译.西安:三秦出版社.2007

[34]《尉缭子》(战国)尉缭著.中华学艺社影宋刻《武经七书》本.1935

[35]《李卫公问对校注》吴如嵩、王显臣校注.北京:中华书局.1983

[36]《长短经》(唐)赵蕤编著.北京:中华书局.1985

[37]《刘子集校》(南朝)刘勰撰.上海:上海古籍出版社.1985

[38]《神机制敌太白阴经》(唐)李筌撰.上海:商务印书馆.1937

[39]《虎钤经》许洞撰.北京:中华书局.1985

[40]《草庐经略》(作者不详).北京:中华书局.1985

[41]《呻吟语》(明)吕坤原著.湖南:岳麓书社出版社.1991

[42]《兵经释评》中国兵书集成编委会.北京:解放军出版社.1995

[43]《明代韬略——百战奇法》.湖北:长江文艺出版社.1999

[44]《孙子》(诸子百家丛书).上海:上海古籍出版社.1989

[45]《孙子书校解引类》赵本学著.北京:解放军出版社.1995

[46]《孙子参同》(明)李贽著.北京:解放军出版社.1995

[47]《中国历代兵书集成——兵镜备考》(清)邓廷罗辑.北京:解放军出版社.1995

[48]《孙子兵法校释》陈启天校释.北京:中华书局.民国三十六年

[49]《孙子三论》钮先钟著.桂林:广西师范大学出版社.2003

[50]《中国哲学史新编》冯友兰著.北京:人民出版社,1982

[51]《中国古代思想史论》李泽厚著.北京:人民出版社.1985

[52]《孙子解故》张文穆著.北京:国防大学出版社.1987

[53]《儒家辩证法研究》庞朴著.北京:中华书局.1984

[54]《中国系统思维》刘长林著.北京:中国社会科学出版社.1990

[55]《古代汉语》王力主编.北京:中华书局.1962

[56]《楚辞韵读》王力著.上海:上海古籍出版社.1980

[57]《诗经韵读》王力著.上海:上海古籍出版社.1980